Erläuterungen und Dokumente

# Georg Büchner
# Lenz

Von Gerhard Schaub

Philipp Reclam jun. Stuttgart

Georg Büchners »Lenz« liegt in einer von Hubert Gersch herausgegebenen Studienausgabe unter Nr. 8210 in Reclams Universal-Bibliothek vor. Die Seiten- und Zeilenangaben in den Erläuterungen beziehen sich auf diese Ausgabe. Ebenfalls in dieser Studienausgabe enthalten – und im vorliegenden Kommentar danach zitiert – sind Johann Friedrich Oberlins Bericht »Der Dichter Lenz, im Steintale« und Goethes Lenz-Charakteristik aus »Dichtung und Wahrheit«.

Universal-Bibliothek Nr. 8180
Alle Rechte vorbehalten
© 1987 Philipp Reclam jun. GmbH & Co., Stuttgart
Durchgesehene und bibliographisch ergänzte Ausgabe 1996
Gesamtherstellung: Reclam, Ditzingen. Printed in Germany 1999
RECLAM und UNIVERSAL-BIBLIOTHEK sind eingetragene Marken
der Philipp Reclam jun. GmbH & Co., Stuttgart
ISBN 3-15-008180-7

# Inhalt

| | |
|---|---|
| I. Kommentar, Wort- und Sacherklärungen . . . | 5 |
| II. Entstehungs- und Editionsgeschichte . . . . . | 62 |
|    1. Entstehungsgeschichte . . . . . . . . . . | 62 |
|    2. Editionsgeschichte . . . . . . . . . . . | 77 |
| III. Rezeptions- und Wirkungsgeschichte . . . . . | 88 |
|    1. Frühe Rezeptionsgeschichte (1839–1900) . . | 90 |
|    2. Wirkungsgeschichte . . . . . . . . . . . | 106 |
|    3. Der *Lenz* in den Büchner-Preis-Reden . . . | 129 |
|    4. Verfilmungen des *Lenz* . . . . . . . . . . | 142 |
|    5. Eine Oper nach Büchners *Lenz* . . . . . | 142 |
| IV. Texte zur Diskussion . . . . . . . . . . . | 143 |
|    1. Der *Lenz* und die Anti-Psychiatrie . . . . | 143 |
|    2. Drei *Lenz*-Lesarten (Pascal, Sengle, Großklaus) . . . . . . . . . . . . . . | 149 |
| V. Literaturhinweise . . . . . . . . . . . . . | 159 |
| VI. Abbildungsnachweis . . . . . . . . . . . . | 176 |

# I. Kommentar, Wort- und Sacherklärungen

Einzelstellenkommentare zu Büchners einzigem Erzähltext gibt es nur wenige, und die wenigen sind – abgesehen von den *Lenz*-Kommentaren Walter Hinderers (1977, S. 162 bis 171) und Henri Poschmanns (I, S. 816–865) – völlig unzureichend, sowohl quantitativ wie qualitativ Grund genug, den Wort- und Sacherklärungen hier besondere Sorgfalt und Aufmerksamkeit zu widmen. Dies um so mehr, als Schülern und Studenten die Historizität literarischer Texte erfahrungsgemäß immer mehr Schwierigkeiten bereitet und sie daher auf die ausführliche Kommentierung historischer Wortbedeutungen, historischer Personen und literarhistorischer Zusammenhänge auf besondere Weise angewiesen sind. Mit anderen Worten: Kommentarbedürftig ist der *Lenz* vor allem deshalb, weil er nicht zuletzt eine »biographische Erzählung« ist (Knapp, 1984, S. 90), in der Büchner den historischen Sturm- und-Drang-Dichter Jakob Michael Reinhold Lenz »anschaulich zu machen« versucht (55,20 f.), in der er »zweifelsohne eine gewisse Kenntnis des Dichters Lenz und des historischen Kontexts« voraussetzt (Hinderer, 1983, S. 278), die man bei heutigen Lesern nicht mehr ohne weiteres voraussetzen kann. Aufgrund des – in der neueren *Lenz*-Forschung unbestrittenen – »Wirklichkeitscharakters« (Hinderer, 1983, S. 274) von Büchners Erzählung ist es angebracht, zur Erläuterung bestimmter Textstellen (besonders solcher, in denen historische Personen genannt werden) Daten und Fakten aus der Lenz-, der Goethe-, der Kaufmann- oder der Oberlin-Biographie anzuführen, die ein besseres Textverständnis ermöglichen, die den – mit dem historischen Kontext nicht vertrauten – Leser vor Fehldeutungen und Mißverständnissen bewahren sollen.

Bei dieser Art des Kommentierens im Personalbereich könnte der falsche Eindruck entstehen, als würden die fiktiven Figuren aus Büchners fiktiver Erzählung wie reale, lebensweltliche Personen behandelt. Daß eine solche Vermischung oder

6 I. Kommentar, Wort- und Sacherklärungen

Gleichsetzung verschiedener Bereiche weder statthaft noch intendiert ist, weil erzählte (und dramatische) fiktive Figuren grundsätzlich und wesentlich anders beschaffen sind als lebensweltliche, außerfiktionale Personen, braucht hier nicht weiter erörtert zu werden. Die angeführten biographischen Daten realer Personen bzw. Gestalten sind in erster Linie als ein informatives Angebot an den Leser gedacht, mit deren Hilfe er zu einem angemesseneren Verständnis der auf historischem Quellenmaterial beruhenden, »biographischen Erzählung« und ihres »Wirklichkeitscharakters« gelangen kann.

3 [Titel] *Lenz:* Der Titel ist wahrscheinlich von Karl Gutzkow, dem ersten Herausgeber der Erzählung, hinzugefügt worden (vgl. Gersch, 1984, S. 59), das hieße: er ist von Büchner nicht autorisiert. Gersch weist darauf hin, »daß aus ästhetischen, erzählökonomischen Gründen ein Verhältnis von Titel und Erzählanfang wie ›Lenz. Den 20. ging Lenz durch's Gebirg‹ kaum denkbar ist« (Thomas Michael Mayer, »Bausteine und Marginalien«, in: GBJb. 1, 1981, S. 211).

5,1 *Den 20.:* Nach Oberlins Bericht hielt sich der historische Lenz vom 20. Januar bis zum 8. Februar 1778 in Waldersbach im Steintal auf, insgesamt also zwanzig Tage.

5,1 *Gebirg:* Büchners Erzählung spielt in den Vogesen, genauer: im später (13,25; 18,3; 19,24) namentlich erwähnten »Steintal« (Le Ban de la Roche), das seinen Namen von der mittelalterlichen Schloßruine Burg Stein (Château de la Roche) hat. Das elsässische Steintal liegt nahe der Grenze zu Lothringen und gehört heute zum Département Niederrhein. – Büchner kannte die Südvogesen von einer etwa zehntägigen Wandertour, die er, zusammen mit seinem Straßburger Großonkel Edouard Reuss (1804–91) und vier weiteren Reiseteilnehmern, in der Zeit vom 25. Juni bis um den 4. Juli 1833 von Straßburg aus unternommen hat (vgl. Büchners Brief vom 8. Juli 1833); das Steintal und Waldersbach aber, den Schauplatz seiner

*I. Kommentar, Wort- und Sacherklärungen*

Erzählung, kannte er höchstwahrscheinlich nicht: denn die neuerdings genau rekonstruierte Vogesenreise Büchners (vgl. Hauschild, S. 322–330) führte nicht durch das Tal der Bruche (Breusch) und das Steintal in die Nord-, sondern über Sélestat durch das Lièpvrette-Tal in die Südvogesen zum Grand Ballon (Belchenkopf) und zu den Quellen der Mosel. Durch die Ermittlung der genauen Route der Vogesenreise von Ende Juni / Anfang Juli 1833 »werden sich jene Interpreten bestätigt finden, denen Büchners Landschaftsschilderung im *Lenz* immer schon merkwürdig, ›deplaziert‹ vorkam – weniger auf das enge Ban de la Roche, als vielmehr auf die gebirgigen Südvogesen passend. Es bedurfte also nicht des genius loci des Steintals, um den sonst so quellentreuen Autor zu der eindrucksvollen Landschaftsbeschreibung anzuregen. In diesem Fall hat er dem historischen Jakob Michael Reinhold Lenz nicht nur eigene Seelenstimmungen, sondern kurzerhand auch eigene ortsgebundene Naturerfahrungen untergeschoben.« (Hauschild, S. 323.)

5,10–12 *nur war es ihm manchmal unangenehm, daß er nicht auf dem Kopf gehn konnte:* N. A. Furness (S. 314 f.) vermutet, daß es sich bei diesem vielinterpretierten Satz um eine bewußte Anspielung auf Cervantes' Roman *Don Quixote* handelt, dessen Titelheld im Gebirge plötzlich Purzelbäume schlägt und sich auf den Kopf stellt, was sein Diener Sancho als Indiz dafür ansieht, daß sein Herr »unsinnig« bzw. ein »Narr« geworden sei. Mit der Anspielung auf den kopfstehenden Don Quixote hat Büchner den zeitgenössischen, gebildeten Leser möglicherweise von vornherein auf den besonderen, ›verrückten‹ Geisteszustand seines ›wahnsinnigen‹ Titelhelden hinweisen wollen.

5,22 *wenn der Sturm das Gewölk in die Täler warf:* vgl. Büchners Brief vom 8. Juli 1833 mit der knappen Schilderung seiner Reise in die Vogesen: »Plötzlich trieb der Sturm das Gewölke die Rheinebene herauf« (WuB, S. 250).

6,11 f. *die Erde wich unter ihm, sie wurde klein:* vgl. *Leonce und·Lena* II,2 (Leonce): »Die Erde hat sich ängstlich zusammengeschmiegt, wie ein Kind« (WuB, S. 107).

6,12 *wandelnder Stern:* Wandelstern: im 17. Jh. gebildete Verdeutschung von »Planet«, später auch für »Komet« gebraucht. Von den »puristen um 1800 empfohlen, aber doch nur wenig über die poetische sprache [...] hinaus gedrungen« (DWb. 27, Sp. 1642 f.).

6,27 f. *er riß sich auf und flog den Abhang hinunter:* Schnelles Gehen, Laufen und Rennen ist die für Lenz charakteristische Gangart (vgl. 22,18 f.; 22,34; 26,6). Bei diesem Merkmal, das in Oberlins Bericht keine Rolle spielt, handelt es sich um einen Zusatz Büchners. In Heinrich Zedlers Artikel über das Temperament (*Grosses vollständiges Universal-Lexicon aller Wissenschaften und Künste*, Halle 1732–1754, Bd. 42, Sp. 763–772) wird dem Melancholiker ein geschwinder Gang bescheinigt. Büchner wollte Lenz offenbar von Anfang an als Melancholiker bzw. Wahnsinnigen (vgl. Anm. zu 21,27) charakterisieren.

6,31 f. *als jage der Wahnsinn auf Rossen hinter ihm:* Personifizierungen des Wahnsinns durch anthropomorphe Verbmetaphern finden sich auch in *Dantons Tod* (IV,3; IV,5): »Der Wahnsinn faßte mich bei den Haaren« (WuB, S. 61) – »Der Wahnsinn saß hinter ihren Augen« (WuB, S. 62). Gegen Ende der Erzählung heißt es von Lenz: »der Wahnsinn packte ihn« (28,17 f.).

6,34 *Waldbach:* offizieller Name heute: Waldersbach; 520 Meter hoch gelegener Ort im elsässischen Steintal. Das Steintal war zu Oberlins Zeiten in zwei Pfarreien aufgeteilt: Waldersbach und Rothau. Zu der von Oberlin betreuten Kirchengemeinde Waldersbach gehörten außer dem Hauptdorf noch die vier Dörfer Fouday, Belmont, Bellefosse und Solbach sowie die drei Weiler Trouchy, La Hutte und Pendbois (vgl. Psczolla, S. 12).

7,4 *die blonden Locken:* In *Dichtung und Wahrheit* (3. Teil, 11. Buch) beschreibt Goethe das Äußere von Lenz wie folgt: »Klein, aber nett von Gestalt, ein allerliebstes Köpfchen, dessen zierlicher Form niedliche etwas abgestumpfte

## I. Kommentar, Wort- und Sacherklärungen

Züge vollkommen entsprachen; blaue Augen, blonde Haare« (51,24–27).

7,6 *seine Kleider waren zerrissen:* Über den Zustand der Kleidung von Lenz bei seiner Ankunft in Waldbach macht Oberlin in seinem Bericht keine Angaben. In August Stöbers *Morgenblatt*-Aufsatz »Der Dichter Lenz« (Oktober 1831), den Büchner mit Sicherheit kannte, heißt es, Lenz sei – als er Anfang 1778 zu Oberlin nach Waldbach kam – »in seinem Aeußern auf's Höchste vernachläßigt« gewesen (A. Stöber, 1831, S. 1002), ein Hinweis, den Büchner in seiner Erzählung konkretisiert. – Christoph Kaufmann (vgl. Anm. zu 13,25), der Lenz zu Oberlin schickte, hat einem Brief vom 29. November 1777 ein detailliertes Inventar der defekten Garderobe Lenzens beigelegt, um den Adressaten, einen wohlhabenden Kaufherrn, zur Mildtätigkeit und Freigebigkeit zu bewegen. Im Anschluß an das Inventar schreibt Kaufmann: »Sowie fast alles hier verzeichnete mangelbar ist: so mangelt alles übrige, was ein ehrlicher, poetischer Kerl sonst noch bedarf. Auch ist nichts von einer Uhr, silbernen Schnallen, Degen oder Hirschfänger etc. vorhanden. Wer Lenz kennt, muss ihn lieben und wer das sieht, muss mit mir fühlen, dass es für ihn beständige Folter, nagender und zerstörender Gram ist, den er ohne stille Hülfe nicht heben kann. Zuletzt kann's gänzliche Zernichtung des edeln Jünglings werden. [. . .] Wer helfen will, der helfe bald mit edler Stille« (Baechtold, S. 168 f.).

7,6 *Oberlin:* Johann Friedrich O. (1740–1826). Seit 1767 bis zu seinem Lebensende 59 Jahre protestantischer Pfarrer der Pfarrei Waldersbach (Waldbach) im elsässischen Steintal. Vielseitig und unermüdlich tätiger Seelsorger, Volkserzieher, Pädagoge, Philanthrop, Sozialreformer, ›Kolonisator‹, Baumeister, ›Entwicklungshelfer‹, Wohltäter des unwirtlichen Steintals, ›Vater‹ der Steintäler. Die zeitgenössische Inschrift auf dem Eisenkreuz seines Grabes lautet: »Papa Oberlin«. Kurz bevor der historische Lenz aus Waldersbach nach Straßburg abtransportiert wurde, schrieb der

*Johann Friedrich Oberlin. Um 1800*

*I. Kommentar, Wort- und Sacherklärungen*

Fabeldichter Pfeffel am 6. Februar 1778 über Oberlin: »Er hat das Steintal, das elsässische Sibirien, schon zur Hälfte umgeschaffen, den höchst armen und verwilderten Einwohnern Liebe zur Arbeit, zum Lesen und zu aufheiternden Künsten und, was unendlich mehr ist, zu Sitten und Tugenden eingeflößt« (zit. nach: Heinsius, S. 351). Oberlin begründete 1770 Strickschulen in Waldersbach, Belmont und Bellefosse, veranlaßte 1773 die Einführung der Baumwollspinnerei und -weberei im Steintal, nahm 1777 Beziehungen zu Basedows »Philanthropinum« in Dessau auf, gründete 1778 einen landwirtschaftlichen Verein, 1782 die »Christliche Gesellschaft« und 1785 eine Leih- und Kreditkasse, sympathisierte mit der Französischen Revolution (deren positive Beurteilung bei Oberlin im Religiösen wurzelte), begrüßte die Erklärung der Menschenrechte vom 26. August 1789, übernahm die Schlagworte der Revolution, ließ am ersten Jahrestag der Erstürmung der Bastille, am 14. Juli 1790, bei Waldersbach einen Altar des Vaterlandes aufrichten, begründete 1791 das Diakonissenamt im Steintal, legte Ende 1793 vor dem Allgemeinen Sicherheitsausschuß in Straßburg sein »Glaubensbekenntnis« ab, gewährte trotz eigener Gefährdung in der Schrekkenszeit der Revolution Flüchtlingen und Verfolgten Zuflucht in seinem Haus, wurde Ende Juli 1794 einige Tage in Schlettstadt inhaftiert, nach der Hinrichtung Robespierres Anfang August aus der Haft entlassen, am 2. September 1794 ehrenvoll im Konvent erwähnt, 1803 Mitglied des Konsistoriums in Barr und 1819 von Ludwig XVIII. zum Ritter der Ehrenlegion ernannt (vgl. Psczolla, S. 172–175). Bei Oberlins Beerdigung am 5. Juni 1826 hielt der Präsident des Konsistoriums in Barr, der Straßburger Pfarrer Johann Jacob Jaeglé die Trauerrede in der Kirche von Fouday. Als Büchner im November 1831 sein Studium in Straßburg begann, mietete er sich als Kost- und Logisgänger bei dem protestantischen Pfarrer Jaeglé ein, dessen Tochter Wilhelmine (Minna) Büchners Geliebte und Verlobte wurde.

12                    *I. Kommentar, Wort- und Sacherklärungen*

7,8 f.  *Ich bin ein Freund von* ⟨*x–x*⟩: Ob Büchner, der hier offenbar eine kleine Arbeitslücke gelassen hat, an dieser Stelle bei einer späteren Überarbeitung den in Oberlins Bericht durch die Initiale »K« angedeuteten Namen »Kaufmann« eingesetzt hätte, ist fraglich; denn warum hat er dann den Namen bzw. die Namensabkürzung »nicht gleich bei der Niederschrift aus der ihm vor Augen liegenden Quelle übernommen?« (Gersch, 1981a, S. 97.) Möglicherweise aber konnte Büchner beim ersten Auftreten der Initiale »K« in Oberlins Bericht (35,11) mit der Abkürzung noch nichts anfangen, so daß er an der entsprechenden Stelle seines Textes eine Lücke ließ. Vielleicht hat sich Büchner erst später im Text, als er Kaufmann als Kontrastfigur zu Lenz brauchte, die Initiale von den Brüdern Stoeber auflösen lassen und dann nicht mehr daran gedacht, den Namen nachträglich in die obige Arbeitslücke einzusetzen. Zu Kaufmann vgl. Anm. zu 13,25.

7,10  *wenn's beliebt:* Höflichkeitsformel, etwa im Sinne von ›wenn ich Sie bitten darf‹ oder ›bitte‹.

7,15  *heimliche:* hier zunächst im Sinne von ›vertraut‹, ›gemütlich‹, ›anheimelnd‹ (vgl. DWb. 10, Sp. 874). Wichtig ist hier und an anderen Stellen der Erzählung (vgl. 10,25; 10,28; 16,10) vor allem auch die Bedeutung des Heimatlichen (vgl. DWb. 10, Sp. 874 f.): nicht zufällig fängt Lenz in dem »heimlichen Zimmer« des Pfarrhauses sogleich an, »von seiner Heimat« (7,20) zu erzählen. »Das Wort ›heimlich‹ ist eines der Schlüsselwörter der Erzählung, gerade weil sie die Geschichte eines Heimatlosen ist, eines sozial und gesellschaftlich Ortlosen.« (Großklaus, S. 73.) Die ›Heimlichkeit‹ und Heimatlichkeit, die Lenz bei Oberlin im Pfarrhaus zunächst so wohltuend empfindet, schlägt mit Oberlins Abreise aus Waldersbach (17,6 ff.) in ihr krasses Gegenteil, in ›Unheimlichkeit‹ um: von nun an ist es Lenz nie mehr »heimlich«, sondern immer nur »unheimlich« (17,22; 19,27) zumute, bedrückt ihn das »unheimliche Dunkel« (22,33), geht für ihn von den Gesichtszügen eines kranken Mädchens »ein unheimlicher

*I. Kommentar, Wort- und Sacherklärungen* 13

Glanz« aus (18,35), wirkt er seinerseits mit seinen »unheimlichen Augen« (25,13) unheimlich auf Oberlin und die Bewohner des Steintals.

7,19 *Mutter:* Oberlins Frau, Magdalena Salome Oberlin geb. Witter (1747–83). Von ihren neun Kindern haben sieben überlebt. Als sich Lenz in Waldersbach aufhielt, war Frau Oberlin schwanger; ihr Sohn Henri-Gottfried wurde am 11. Mai 1778 geboren (vgl. D. E. Stoeber, S. 186).

7,27 *das Pfarrhaus war zu eng:* Als der historische Lenz in Waldersbach war, bewohnte Oberlin noch das alte Pfarrhaus, das erst 1787 durch ein neues ersetzt wurde (vgl. Kurtz, S. 133 und 180). Das alte, baufällige, dunkle und enge Pfarrhaus war »nur um weniger besser als eine Hütte« (Kurtz, S. 38 f.). Über den Zustand des armseligen Pfarrhauses äußerte sich Oberlin 1769: »Ich wohne weiter in diesem alten Haus, wo ich mich mit der ständigen Rattenplage und mit dem Durchsickern des Regens durch das löchrige Dach abfinden muß« (zit. nach: Kurtz, S. 61).

7,28 *Schulhause:* Gegenüber dem Pfarrhaus ließ Oberlin 1769–71 ein neues Schulhaus errichten (vgl. Kurtz, S. 59 und 61); im Kontrast zum alten, ärmlichen Pfarrhaus ein ansehnlicher Bau, der sogar über ein »Besuchzimmer« verfügte, in das Oberlin Anfang 1778 seinen Gast logierte (vgl. 35,19 f.).

8,5 *Vater unser:* vgl. Mt. 6,9–13.

8,8 f. *er stürzte sich in den Brunnstein:* Der bzw. ein Brunnen vor Oberlins Haus existiert noch heute (vgl. Büchner-Katalog, S. 216 f., Abb. 283).

8,17 f. *Mit Oberlin zu Pferde durch das Tal:* »In seiner weitläufigen Gemeinde verbrachte Oberlin jeden Tag viel Zeit unterwegs. Bei gutem Wetter nahm er sein Pferd, den braven Gaul ›Content‹ (›Zufrieden‹) und genoß die Schönheiten der Natur und das freundliche ›Bonjour, Papa‹, mit dem ihn überall am Weg seine Gemeindeglieder grüßten.« (Kurtz, S. 98.)

8,30 *Gesp⟨i⟩nst:* Im Erstdruck lautet das Wort »Gespenst«. Die von Fellmann (S. 35 und 113) vorgeschlagene und von Werner R. Lehmann und Hubert Gersch übernommene Konjektur (»Gespinst« statt »Gespenst«) erscheint nicht angebracht: Grimm führt für »Gespenst« u. a. die Bedeutungen ›trugbild‹, ›scheinbild‹, ›unheimliche lufterscheinung‹ an (vgl. DWb. 5, Sp. 4142, 4145); »Gespenst« wird außerdem als Nebenform zu »Gespinst« belegt (vgl. DWb. 5, Sp. 4155).

8,36–9,2 *In den Hütten war es lebendig ... tröstete:* »Besonderen Wert legte Oberlin auf Hausbesuche, um als Hirte seiner Gemeinde die einzelnen Pfarrkinder möglichst genau zu kennen [...]. Bei solchen Hausbesuchen gab es immer allerhand zu tun: Krankheiten zu behandeln, Sinnesänderungen zu erreichen [...], die Sorgen anderer zu teilen, Frieden zu halten oder neu zu stiften, Streit mit dem Nachbarn beizulegen, Fleiß und Ausdauer zu ermutigen, die Disziplin der Kinder zu verbessern.« (Kurtz, S. 97.) – Büchners unmittelbare Quelle für diese Passage ist die 1831 erschienene Oberlin-Biographie von D. E. Stoeber, in der es von Oberlin heißt: »Voulant connaître tous les gens eux-mêmes, leurs actions et manières, il fit trèssouvent des visites dans leurs domiciles et s'assura de tout, il trouva partout à rémédier, à soulager les souffrances, à abaisser l'orgueil, à éclairer les ignorans, à donner de l'émulation aux négligens, à redresser et perfectionner l'éducation de la jeunesse, à rétablir la paix dans les familles et entre les voisins, à faire éviter ou finir les procès ruineux et les dépenses inutiles, à encourager le zèle et la diligence.« (S. 114.)

9,4 f. *Wege angelegt, Kanäle gegraben:* Eines der großen Projekte, die Oberlin nach seinem Amtsantritt als Steintaler Pfarrer (1767) in Angriff nahm, war der Wegebau. Da oft mehrere, weit auseinander liegende Wege zur gleichen Zeit neu- bzw. ausgebaut wurden, ritt Oberlin »von einer Baustelle zur anderen, wo er Pläne auslegte, Anweisungen gab, den Leuten gut zuredete mit Dank und immer neuer Ermutigung«. Der Wegebau im

*I. Kommentar, Wort- und Sacherklärungen*

schwierigen Gelände des Steintals »verlangte solche
Schwerarbeit wie das Ausheben von Abflußgräben, das
Errichten von Stützmauern an Berghängen«. Abgesehen
vom Ausbau der Ortswege »lenkte Oberlin seine Aufmerksamkeit auf den ebenso wichtigen Plan, die Verbindung« des abgelegenen Steintals »mit der Außenwelt zu
verbessern« (Kurtz, S. 112 f.). – Über Oberlin als Wege-
bauer war Büchner durch Stoebers Oberlin-Biographie
unterrichtet (vgl. D. E. Stoeber, S. 133 f.).

9,13  *Er war schüchtern:* Nach Goethe (*Dichtung und Wahrheit*, 3. Teil, 11. Buch) bewegte sich Lenz in seinem Be-
tragen »zwischen Zurückhaltung und Schüchternheit«
(51,30 f.).

9,13  *Bemerkungen:* Beobachtungen, Wahrnehmungen (vgl.
DWb. 1, Sp. 1460).

9,20  *zuwider:* widrig, widerwärtig, feindlich, feindselig (vgl.
DWb. 32, Sp. 911 f.); hier, wie oft in der Literatur, in
prädikativer Bedeutung.

9,28  *Shakespeare:* William S. (1564–1616). Der englische
Dramatiker war für die Generation der Stürmer und Dränger das wichtigste dramatische Vorbild, ja das dichterische
Genie par excellence. Vgl. besonders Johann Gottfried
Herders Shakespeare-Aufsatz von 1773 (2. Abschnitt aus
*Von deutscher Art und Kunst*) sowie Goethes Rede *Zum
Schäkespears Tag* vom 14. Oktober 1771. Von allen Stür-
mern und Drängern scheint sich Lenz am intensivsten und
produktivsten mit Shakespeare auseinandergesetzt zu haben, sowohl als Kritiker und Übersetzer Shakespeares wie
auch als shakespearisierender Dichter (vor allem in den
Dramen *Der Hofmeister, Der neue Menoza, Die Soldaten*). Shakespeare, von Lenz als der »größte aller neuern
dramatischen Dichter« bezeichnet, steht im Mittelpunkt
folgender Abhandlungen bzw. Aufsätze von Lenz: *Anmerkungen übers Theater* (1774), *Über die Veränderung
des Theaters im Shakespear* (1776), *Das Hochburger Schloß*
(1777). Übersetzt hat Lenz Shakespeares Komödie *Love's
Labour's Lost* unter dem Titel *Amor vincit omnia* (1774;

die erste Bearbeitung dieses Lustspiels in deutscher Sprache) sowie Auszüge aus Shakespeares Geschichtsdramen *Coriolan* und *Pericles* (als Teil des Aufsatzes *Das Hochburger Schloß*). In dem Monolog *Shakespears Geist* und in der dramatischen Skizze *Pandaemonium Germanicum* läßt Lenz Shakespeare als dramatische Figur auftreten.

10,4 f. *wie ihn eine unaufhaltsame Hand auf der Brücke gehalten hätte:* vgl. hierzu die Oberlin-Biographie von D. E. Stoeber (S. 116), der eine Notiz Oberlins über eine Wundererfahrung zitiert: »15 Février 1782. Moi en danger de périr dans les neiges avec deux pensionnaires en voulant revenir de Rothau et le lendemain sur le pont de deux poutres par-dessus la Bruche, *où je fus remis en équilibre par une main invisible.«*

10,4–12 *Wie Oberlin ihm erzählte ... Wie den Leuten:* »Die ›wie‹-Reihung der Motive« ist nach Gersch »eine Gedächtnisstütze für den Autor selbst, ein Notat zur späteren Ausführung. An dieser Stelle treten der Entwurfcharakter und das Unfertige des Textes offen zutage« (Gersch, 1981a, S. 9).

10,29 *seine Mutter:* Dorothea Lenz geb. Neoknapp (1721 bis 1778), Tochter des Pastors Neoknapp zu Neuhausen; seit 1744 mit Lenzens Vater, Christian David Lenz, verheiratet. – Über seine Eltern schreibt Lenz an Sophie La Roche im September 1775: »Meiner Mutter hab' ich alle mein Pflegma – mein ganzes Glück – meinem Vater alle mein Feuer – mein ganzes Unglück – zu danken. Beide verehre ich als in ihrer Sphäre die würdigsten Menschen, die je gelebt haben. Beide hab' ich Armer beleidiget – muß sie beleidigen.« (Freye/Stammler, Bd. 1, S. 129.)

10,35 f. *predigen ... nächsten Sonntag:* »Der Sonntags-Gottesdienst im Steintal wurde jeweils abwechselnd in einer der drei Kirchen abgehalten, in der Reihenfolge Waldersbach – Belmont – Waldersbach – Fouday – Waldersbach. Auf diese Weise war in der Muttergemeinde Waldersbach alle vierzehn Tage, in Belmont und Fouday alle vier Wochen Gottesdienst. In Waldersbach und Fouday wurde der

*I. Kommentar, Wort- und Sacherklärungen* 17

Gottesdienst in französischer Sprache gehalten, in Belmont in deutscher, aus Rücksicht auf die deutschen Handwerker und Pächter jener Gegend.« (Kurtz, S. 91.) – Die Predigt, die der historische Lenz am 25. Januar 1778 (vgl. 37,18 f.) in der Waldersbacher Kirche hielt, muß demnach in französischer Sprache gewesen sein. Lenz hatte zuvor schon einmal eine Predigt gehalten: Ende August 1772 in Sesenheim »vor einer zahlreichen Gemeine, vor vier artigen Mädchen« (darunter Friederike Brion), »einem Baron und einem Pfarrer« (Friederikes Vater, dem Sesenheimer Prediger). »Die ganze Predigt war ein Impromptu, das gut genug ausfiel.« (Freye/Stammler, Bd. 1, S. 32.) Dem Vater gegenüber bezweifelt Lenz dagegen seine Eignung fürs Predigtamt: »Sie [die Predigt] fiel für den ersten Versuch und für ein Impromptu gut aus, allein ich entdeckte einen wesentlichen Fehler fürs Predigtamt an mir, die Stimme. Ich ward heiser und fast krank, und jedermann beschuldigte mich doch, zu leise geredet zu haben, da überdem die Kirche eine der kleinsten war.« (Ebd., S. 34 f.)

10,36 *Sind Sie Theologe?* Lenz hat an der Universität Königsberg (1768–71) und kurze Zeit auch in Straßburg (Immatrikulation im Herbst 1774) Theologie studiert, ohne ein Abschlußexamen abzulegen – zur großen Enttäuschung des Vaters, der aus seinem Sohn Jakob gern »einen wackeren Theologen« gezogen hätte (Rudolf, S. 27).

11,1 f. *er dachte auf einen Text zum Predigen: auf etwas denken* ›sinnen, nachsinnen, überlegen‹ (DWb. 2, Sp. 933 f.).

11,5 *die Kirche:* Die 1747–51 erbaute Kirche von Waldersbach steht noch heute. Auf dem Bogen über der Eingangstür der Kirche findet sich die Inschrift: »MODESTA ECCLESIA«. Die hervorgehobenen lateinischen Buchstaben (MDCCLI) weisen, als Ziffern gelesen, auf das Jahr hin, in dem der Kirchenbau vollendet wurde: 1751. – Abbildungen der Waldersbacher Kirche in: Pszolla, S. 95; Büchner-Katalog, Abb. 282 und 289.

11,22 f. *unter den Tönen hatte sein Starrkrampf sich ganz*

*gelegt:* vgl. Büchners Brief an Minna Jaeglé (um den 10. März 1834): »Ein einziger, forthallender Ton aus tausend Lerchenkehlen schlägt durch die brütende Sommerluft [...]. Die Frühlingsluft löste mich aus meinem Starrkrampf.« (WuB, S. 255.) Im Brief wie in der Erzählung steht das Gelöstsein aus dem Starrkrampf in Verbindung mit Gesang und Musik.

11,32–35 *Laß in mir die heil'gen Schmerzen ... Leiden sei mein Gottesdienst:* von Büchner weitgehend »selbstgedichtete Strophe«, deren Schlußverse (3 und 4) der dritten Strophe eines pietistischen Kirchenliedes (»Gott, den ich als Liebe kenne, Der du Krankheit auf mich legst«; später auch als Lied »Eines Krancken« bezeichnet) von Christian Friedrich Richter (1676–1711), dem bedeutenden Arzt, Apotheker und Lieddichter des Halleschen Pietismus, entlehnt sind (vgl. Anz, S. 162). Die dritte Strophe des Richterschen Kirchenliedes lautet: »Leiden ist jetzt mein Geschäfte [...] Leiden ist jetzt mein Gewinnst; Das ist jetzt des Vaters Wille, Den verehr ich sanft und stille; Leiden ist mein Gottesdienst.« Richters Lied »Eines Kranken« ist erschienen im *Neuen geistreichen Gesangbuch*, das J. A. Freylinghausen 1714 in Halle herausgab (S. 940), in den posthum herausgegebenen *Erbaulichen Betrachtungen über den Ursprung und Adel der Seelen* von Chr. Fr. Richter (Halle 1718, 2. Anhang, Nr. 20), die es bis 1815 auf insgesamt sechs Auflagen brachten, sowie in zahlreichen pietistischen Kirchengesangbüchern und Sammlungen christlicher Lieder. Büchner dürfte das verbreitete Lied »in seiner nachweisbar stark pietistisch geprägten Straßburger Umwelt und vielleicht aus den bis ins 19. Jahrhundert immer wieder aufgelegten *Erbaulichen Betrachtungen* Richters selbst kennengelernt haben« (Anz, S. 162). – Durch einen Vergleich der Richterschen mit den geringfügig veränderten Büchnerschen Versen kommt Heinrich Anz zu einer religionskritischen Interpretation der vierzeiligen Strophe und ihrer Leidensthematik, in der Büchner »eine soteriologische Deutung des Leidens« negiere, d. h. die

## I. Kommentar, Wort- und Sacherklärungen

christliche Sinngebung des Leidens vom Erlösungswerk
Christi her in Abrede stelle. »Dadurch, daß Büchner die
auf das Einst der Erlösung verweisende adverbiale Zeitbe-
stimmung ›jetzt‹ durch das Indefinitpronomen ›all‹ ersetzt
und die Feststellung durch das optative ›sey‹ zum Wunsch
steigert, wird der in Richters Lied gemeinte Bezug zur
Transzendenz aufgehoben und das Leiden zur alleinigen
und allzeitigen ›Herrlichkeit‹ [. . .].« Leiden wird in Büchners *Lenz* »zu einem nicht übersteigbaren, letzten und ›po-
sitiven‹ Ziel«. »Das scheinbare Zitat eines pietistischen
Kirchenliedes wird in solcher innerweltlichen Heiligung
des Leidens zu einer Kontrafaktur oder, wie es an anderer
Stelle« der Erzählung heißt, zu einer »Profanation«
(29,19): »ein poetisches Verfahren der Umdeutung, das
sich auch sonst bei Büchner feststellen läßt« (Anz, S. 164).
– Auch in den ersten beiden Versen, für die sich in Richters
Lied keinerlei Anhalt findet, »bedient sich Büchner eines
pietistischen Vokabulars, welches die Erhebung des Her-
zens zu Gott im mystischen Bild der im Herzensgrund
aufbrechenden Quelle faßt« (Anz, S. 163). »Die ›heiligen
Schmerzen‹ können, üblichem religiösem Sprachgebrauch
folgend, für den die Kirchengesangbücher vielfältige Belege bieten, als die ›heiligen Leiden‹ Christi verstanden werden, deren teilhaftig zu werden der Christus Nachfolgende
erstrebt. Seine ›heiligen Schmerzen‹ bringen die Seele auf
den Weg der Vereinigung mit Gott; Ausdruck dafür ist das
mystische Bild des im Grunde der Seele aufbrechenden
›Bronnens‹. Von den beiden letzten, ein soteriologisches
Verständnis ausschließenden Versen her gesehen besagen
die beiden ersten Verse jedoch anderes. Sie sprechen im
mystischen Bild das Verlangen nach Leiden aus, welches
nun eine Belebung und Steigerung des Sichfühlens bedeutet, die Sehnsucht nach der ›Wollust des Schmerzes‹« (Anz,
S. 164), wie sich Büchner an zwei anderen Stellen seines
Werkes oxymorisch ausdrückt (vgl. Anm. zu 12,9).

12,2 *Das All war für ihn in Wunden:* vgl. *Leonce und Lena*
I,4: »Ist es denn wahr, die Welt sei ein gekreuzigter Hei-

## I. Kommentar, Wort- und Sacherklärungen

land, die Sonne seine Dornenkrone und die Sterne die Nägel und Speere in seinen Füßen und Lenden?« (WuB, S. 103) sowie *Dantons Tod* III,7: »Das Nichts hat sich ermordet, die Schöpfung ist seine [Gottes] Wunde, wir sind seine Blutstropfen« (WuB, S. 55).

12,3 f. *göttliche, zuckende Lippen bückten sich über ihm aus:* vgl. Büchners Brief an die Braut (nach dem 10. März 1834): »und Hände und Lippen bückten sich nieder« (WuB, S. 256).

12,6–16 *Da rauschte die Quelle ... Bergen:* Die Predigt und das Lied wirken auf Lenz »vor allem als Stimulantien eines seelischen Vorgangs, der das Gefühl des Schmerzes bis zur Exaltation der ›Wollust‹ steigert. Dabei löst sich der ›Starrkrampf‹ der Seele in eine mystische, eindeutig erotisch bestimmte Ekstase auf, die freilich [...] nur scheinbar ein ›anderes Seyn‹ erfährt und folgerichtig in der Einsamkeit des Selbstmitleids endet.« (Anz, S. 166.)

12,9 *Wollust:* Die kontradiktorischen Begriffe »Wollust« und »Schmerz« (12,1.3) sind in dieser Passage eng miteinander verknüpft: der Schmerz gewährt Lenz das Gefühl der Wollust, er empfindet die »Wollust des Schmerzes«. Diese oxymorische, aus der Sprache der Empfindsamkeit (vgl. Anz, S. 164) übernommene Wendung benutzt Büchner im ›Fatalismus‹-Brief an die Braut (nach dem 10. März 1834; WuB, S. 257) sowie in *Dantons Tod* I,6 (WuB, S. 28).

12,9 *dämmerte es in ihm:* fing es an, klar in ihm zu werden (vgl. DWb. 2, Sp. 712).

12,10 f. *er empfand ... weinte über sich:* vgl. *Leonce und Lena* II,2: »Ich bekomme manchmal eine Angst um mich und könnte mich in eine Ecke setzen und heiße Tränen weinen aus Mitleid mit mir.« (WuB, S. 106.) Weiter unten (19,36–20,1) heißt es von Lenz: »er lag in den heißesten Tränen«.

12,11–13 *der Vollmond ... das Gesicht:* vgl. *Leonce und Lena* II,4: »Der Mond ist wie ein schlafendes Kind, die goldnen Locken sind ihm im Schlaf über das liebe Gesicht heruntergefallen.« (WuB, S. 109.)

*I. Kommentar, Wort- und Sacherklärungen* 21

12,19 *weißen Kleide:* vgl. *Leonce und Lena* II,4: »Steh auf in
deinem weißen Kleide und wandle hinter der Leiche durch
die Nacht« (WuB, S. 109). In beiden Textstellen symboli-
siert das »weiße Kleid« den Tod.

12,24 *Tod seines Vaters:* Oberlins Vater, Johann Georg
Oberlin (1701–70), der Lehrer am evangelischen Gymna-
sium zu Straßburg war, ist am 6. März 1770 gestorben (vgl.
D. E. Stoeber, S. 189).

12,31 *Geiste:* Der Glaube bzw. Aberglaube an Geister und
Geistererscheinungen war unter den Bewohnern des Steintals bis ins 19. Jahrhundert weit verbreitet. Noch 1824
erzählte Oberlin einem befreundeten Pfarrer: »Ich hatte
und habe bis heute noch in meiner Gemeinde Familien,
welche Geister zu sehen und mit ihnen im Umgang zu
stehen, gleichsam erblich besitzen. Als ich hierher kam,
wurde mir eine Nachricht um die andere von Erscheinun-
gen und dergleichen hinterbracht. Ich ärgerte mich darüber, weil ich nicht daran glaubte. Aber die Leute lachten
mich aus. ›Wir müssen doch besser wissen, was wir gesehen haben, als er!‹ war ihr Urteil. Ich wurde nachdenkend
und konnte nicht umhin, die Berichte redlicher Leute, die
mir so häufig zukamen, zu glauben.« (Zit. nach: Kurtz,
S. 144 f.)

12,33 *Somnambulismus:* Hier ist nicht etwa Schlafwandeln
oder Mondsüchtigkeit gemeint, sondern der Zustand einer
durch Schauen in ein tiefes Bergwasser selbst hervorgerufe-
nen Hypnose. Im Hypnose-Zustand kann der Hypnoti-
sierte wie beim Schlafwandeln komplexe Handlungen aus-
führen, an die er sich nach dem Erwachen gewöhnlich nicht
erinnert. Oberlin hat sich intensiv mit solch unbewußten
Zuständen wie Trance und Hypnose sowie insbesondere
mit parapsychischen Fähigkeiten und Phänomenen wie
Vorahnungen, Weissagungen, Visionen und Telepathie
beschäftigt (vgl. Kurtz, S. 144).

12,36–13,10 *Die einfachste, reinste Natur ... die Luft:* Lenz
entwickelt hier in wenigen Zügen »eine natur-mystische
Lehre, die man als Präambel zum Kunstgespräch betrach-

ten muß« (Schings, S. 70). Zur Erklärung dieser Passage bietet sich nach Schings, der einen bisher kaum beachteten Hinweis Fritz Bergemanns aufgreift, das historisch und sachlich stimmige »Stichwort Mesmerismus« an. Denn »was Lenz vorschwebt, verträgt sich in der Tat sehr genau mit der Lehre vom animalen [!] Magnetismus, die, von Franz Anton Mesmer entwickelt und in sensationelle Therapien umgesetzt, seit den 70er Jahren des 18. Jahrhunderts die Geister bewegte« (Schings, S. 70).

13,9 f. *wie die Blumen ... die Luft:* vgl. *Leonce und Lena* II,3, wo Lena von sich sagt: »Ich brauche Tau und Nachtluft wie die Blumen.« (WuB, S. 109.)

13,15 f. *wie in den niedrigen Formen ... größer sei:* vgl. hierzu Büchners Probevorlesung *Ueber Schädelnerven* vom November 1836: »Es dürfte wohl immer vergeblich sein, die Lösung eines anatomischen Problems zu erhalten, wenn man sein Erscheinen in der verwickelsten Form, nämlich bei dem Menschen in's Auge faßt. Die einfachsten Formen leiten immer am Sichersten, weil in ihnen sich nur das Ursprüngliche, absolut Notwendige zeigt.« (WuB, S. 239.)

13,18 *seiner einfachen Art:* Als Achtzigjähriger hat Oberlin von sich selbst gesagt: »Ich besitze Verstand, bin aber doch nur von sehr beschränkten Geisteskräften« (zit. nach: Pszczolla, S. 10).

13,18–22 *Ein andermal zeigte ihm Oberlin Farbentäfelchen ... repräsentiert würde:* Über Oberlins Farbensymbolik und -mystik konnte sich Büchner in der Oberlin-Biographie Daniel Ehrenfried Stoebers informieren: Oberlin »attachait un sens mystique aux couleurs [...]. Le *rouge* signifie la *foi*; le *jaune*, *l'amour*, le *bleu*, la *science* [...]. Chacun des douze apôtres de notre Seigneur et Sauveur JésusChrist a sa couleur, qui le distingue particulièrement, et une pierre précieuse qui lui est quasi appropriée. Apocalypse XXI, 14.« (D. E. Stoeber, S. 532–534.)

13,23 *Stilling:* Johann Heinrich Jung (1740–1817), genannt Jung-Stilling (nach den ›Stillen im Lande‹), war pietisti-

## I. Kommentar, Wort- und Sacherklärungen

scher Arzt und Schriftsteller, studierte 1770–72 Medizin in Straßburg, wo er Goethe, Herder und Lenz kennenlernte, praktizierte als Arzt in Elberfeld, seit 1787 Professor der Ökonomie-, Finanz- und Kameralwissenschaften an der Universität Marburg, 1803–06 Professor der Staatswissenschaften in Heidelberg, danach Geheimer Hofrat beim badischen Großherzog in Karlsruhe. – Oberlin und Jung-Stilling standen seit 1801 in brieflichem und seit 1809 auch in persönlichem Kontakt. Die Freundschaft der beiden Männer beruhte auf Gegenseitigkeit. Jung-Stilling hatte 1812 vor, Oberlins Biograph zu werden, ein Projekt, das nicht realisiert wurde (vgl. Kurtz, S. 231 f.).

13,23 f.  *wie Stilling die Apokalypse zu lesen:* Jung-Stilling hat sich intensiv mit der Apokalypse, d. h. mit der Offenbarung des Johannes, dem letzten Buch des Neuen Testaments, beschäftigt. Vgl. bes. Jung-Stillings Schriften *Die Siegsgeschichte der christlichen Religion in einer gemeinnützigen Erklärung der Offenbarung Johannis* (1799) und *Erster Nachtrag zur Siegsgeschichte der christlichen Religion in einer gemeinnützigen Erklärung der Offenbarung Johannis* (1805). Auch Oberlin hat »mit Enthusiasmus« die Apokalypse gelesen (vgl. D. E. Stoeber, S. 556).

13,25  *Kaufmann:* Christoph K. (1753–95), der Schweizer Stürmer und Dränger, Philanthropist, Schwärmer, Arzt und Lebensreformer, vertrat als »Apostel der Geniezeit« kraftgenialische, als Anhänger Basedows philanthropische und als Jünger Lavaters religiös-schwärmerische Ideen. Kaufmann hat Friedrich Maximilian Klingers Drama *Wirrwarr* (1776) den Titel *Sturm und Drang* und damit der ersten literarischen Jugendbewegung ihren Namen gegeben. In den 80er Jahren schloß sich Kaufmann der Herrnhuter Brüdergemeine an und praktizierte seit 1782 als Arzt in Schlesien. – Kaufmann und Lenz kannten sich 1777/78 schon seit längerer Zeit, wohl seit 1774/75, als sich beide in Straßburg aufhielten. Bevor Lenz im Januar 1778 zu Oberlin ins Steintal reiste, hatte er im Herbst und Winter des Jahres 1777 längere Zeit Aufnahme bei Kaufmann in Win-

Christoph Kaufmann

*I. Kommentar, Wort- und Sacherklärungen*                    25

terthur und auf Schloß Hegi gefunden. Kaufmann hat sich
in dieser Zeit tatkräftig um Lenz gekümmert (vgl. Milch,
S. 113 ff.), der sich damals in einer äußerst kritischen mate-
riellen und vor allem psychischen Situation befand: Lenz
erlitt im November 1777 wohl den ersten Schub seiner
später als Schizophrenie diagnostizierten Krankheit (vgl.
Waldmann, S. 76 f.). Aus einem Brief Kaufmanns an den
Basler Freund Jakob Sarasin geht hervor, daß Kaufmann
Anfang oder Mitte Januar 1778 eine Reise zu Goethes
Schwager Johann Georg Schlosser (1739–99) nach Emmendingen (bei Freiburg i. Br.) unternahm und zwar in
Begleitung von Lenz, den er von dort zu Pfarrer Oberlin
ins Steintal vorausschickte, wohl deshalb, weil er selbst
noch »einige Tage allein bei Schlosser« (zit. nach: Düntzer,
S. 124) in Emmendingen verbringen wollte. Etwa fünf Tage später als Lenz, am 25. Januar 1778 (vgl. 37,18 ff.), ist
dann auch Kaufmann zusammen mit seiner Braut bei
Oberlin eingetroffen. Im oberrheinischen Freundeskreis
der Schlosser, Kaufmann, Pfeffel, Sarasin u. a. vertrat man
damals offenbar einhellig die Meinung, daß dem »armen
Lenz« in seinem kritischen Krankheitszustand nur noch
ein Mann helfen könne: der Waldersbacher Pfarrer Oberlin
(vgl. Anm. zu 23,10, *Pfeffel*).

13,25 *Kaufmann mit seiner Braut:* Nach Oberlins Bericht
(vgl. 37,21 f.) war Kaufmann spätestens am 25. Januar
1778, als Lenz in der Waldersbacher Kirche predigte, mit
seiner Braut zu ihm gekommen, um ihr »das Steintal zu
zeigen« (36,31 f.). – Kaufmanns Braut war Anna Elisabeth
(Elise bzw. Lisette genannt) Ziegler (1750–1826), mit der
er sich 1776 verlobte und die er am 2. Februar 1778 in
einem Dorfe bei Baden (in der Schweiz) heiratete (vgl.
Milch, S. 55 und 117). Die durch Lavater (vgl. Anm. zu
17,7) vollzogene Trauung fand also nur eine Woche nach
Kaufmanns Kurzaufenthalt im Steintal statt.

13,30 f. *Oberlin wußte von allem nichts:* In einem Brief vom
25. Februar 1778 an Sarasin bemerkt Pfeffel (vgl. Anm. zu
23,10) mit leicht vorwurfsvollem Unterton, daß Kaufmann

dem Pfarrer Oberlin »nicht einmal von vorneher zu verstehen gegeben« habe, »daß es mit dem Kopfe des armen Menschen [Lenz] nicht recht stund« (Waldmann, S. 80). Pfeffel spricht hier die Anfang November 1777 bei Kaufmann in Winterthur deutlich zum Ausbruch gekommene Gemütskrankheit Lenzens an, von der Pfeffel schon Ende November 1777 wußte (vgl. Waldmann, S. 76) und über die Kaufmann den Waldersbacher Pfarrer offenbar nicht in Kenntnis gesetzt hat, weder vor Lenzens Ankunft im Pfarrhaus am 20. Januar noch bei seinem eigenen Kurzbesuch in Waldersbach um den 25. Januar 1778. Oberlin hat wahrscheinlich erst Ende Januar / Anfang Februar 1778 bei seinem Aufenthalt in Emmendingen von Schlosser Näheres über den kritischen Gemütszustand von Lenz erfahren (vgl. 38,16 f.: »Ich hatte nun hinlänglichen Unterricht in Ansehung Hrn. L.⟨..s⟩ bekommen« sowie Heinsius, S. 350 f.), und diese ihn beunruhigende Nachricht hat Oberlin offenbar dazu bewogen, die geplante Reise in die Schweiz abzubrechen und vorzeitig ins Steintal zurückzukehren.

13,32 *Schickung:* göttliche Fügung (DWb. 14, Sp. 2665).

13,33 *alles:* Im Unterschied zu Ludwig Büchner und den ihm hierin ausnahmslos folgenden späteren Herausgebern, die »alles« zu »allen« korrigieren, hält Gersch am überlieferten Wortlaut des Erstdrucks fest, weil so die »metaphysische Motivation«, der »ausdrückliche Reflex auf Oberlins Glauben« an »eine Schickung Gottes« (13,32) zum Ausdruck komme (Gersch, 1981a, S. 40).

13,36 *Über Tisch:* »beim essen, während der mahlzeit« (DWb. 21, Sp. 508).

14,6 f. *die Wirklichkeit verklären wollten:* Lenz wendet sich hier dezidiert gegen die sogenannten »Idealdichter« und vertritt damit eine ästhetische Position, die identisch mit der seines Autors Büchner ist, in dessen Brief vom 28. Juli 1835 es heißt: »Was noch die sogenannten Idealdichter anbetrifft, so finde ich, daß sie fast nichts als Marionetten mit himmelblauen Nasen und affektiertem Pathos, aber nicht

*I. Kommentar, Wort- und Sacherklärungen* 27

Menschen von Fleisch und Blut gegeben haben, deren Leid und Freude mich mitempfinden macht, und deren Tun und Handeln mir Abscheu oder Bewunderung einflößt. Mit einem Wort, ich halte viel auf Goethe oder Shakspeare, aber sehr wenig auf Schiller.« (WuB, S. 272 f.)

14,7–9 *Der liebe Gott ... Besseres klecksen:* vgl. hierzu Büchners *Danton*-Brief vom 28. Juli 1835: »Wenn man mir übrigens noch sagen wollte, der Dichter müsse die Welt nicht zeigen wie sie ist, sondern wie sie sein solle, so antworte ich, daß ich es nicht besser machen will, als der liebe Gott, der die Welt gewiß gemacht hat, wie sie sein soll.« (WuB, S. 272.) – Zu der Passage des Kunstgesprächs könnte Büchner durch folgende Parallelstellen in Lenzens Werk angeregt worden sein: *Der neue Menoza* V,2: »Z i e r a u : Was die schöne Natur nicht nachahmt, Papa! das kann unmöglich gefallen. B ü r g e r m e i s t e r : [...] Kerl! was geht mich deine schöne Natur an? Ist dirs nicht gut genug wies da ist, Hannshasenfuß? willst unsern Herrngott lehren besser machen?« – *Anmerkungen übers Theater:* »Diese Herren [die von Lenz bewunderten elisabethanischen Engländer einschließlich Shakespeare] hatten sich nicht entblödet, die Natur mutterfadennackt auszuziehen und dem keusch- und züchtigen Publikum darzustellen wie sie Gott erschaffen hat.« »Gott ist nur Eins in allen seinen Werken, und der Dichter muß es auch sein, wie groß oder klein sein Wirkungskreis auch immer sein mag. Aber fort mit dem Schulmeister, der mit seinem Stäbchen einem Gott auf die Finger schlägt.«

14,9 f. *unser einziges Bestreben soll sein, ihm ein wenig nachzuschaffen:* Wie der fiktive, so versteht auch der historische Lenz den Künstler als Imitator Gottes; vgl. Lenzens *Anmerkungen übers Theater*, in denen von der »Begierde« des Menschen, des Künstlers die Rede ist, es dem »unendlich freihandelnden Wesen«, d. h. Gott, »nachzutun«, »ihm nachzuäffen«, seine Schöpfung ins Kleine zu schaffen«.

14,10–14 *Ich verlange in allem Leben ... Kunstsachen:* Eine

28         *I. Kommentar, Wort- und Sacherklärungen*

auffällige Parallele hierzu findet sich in Goethes mit Anmerkungen versehener Übersetzung von *Diderots Versuch
über die Mahlerey*: »>Die Natur macht nichts Incorrectes.
Jede Gestalt, sie mag schön oder häßlich seyn, hat ihre
Ursache, und unter allen existirenden Wesen ist keins, das
nicht wäre, wie es seyn soll‹
Die Natur macht nichts Inconsequentes, jede Gestalt, sie
sey schön oder häßlich, hat ihre Ursache, von der sie bestimmt wird, und unter allen organischen Naturen, die wir
kennen, ist keine, die nicht wäre, wie sie seyn kann.
[...] Die Natur arbeitet auf Leben und Daseyn, auf Erhal-
tung und Fortpflanzung ihres Geschöpfes, unbekümmert
ob es schön oder häßlich erscheine.« (*Werke*, vollständige
Ausgabe letzter Hand, Bd. 36, Stuttgart/Tübingen 1830,
S. 214 f.)

14,18 *Die Leute können auch keinen Hundsstall zeichnen:*
Lenz plädiert hier und an weiteren Stellen für das ›Niedrige‹, ›Gemeine‹, ›Geringe‹, für die ›prosaischen‹ Menschen
(vgl. 14,26), für »das Leben des Geringsten« (14,22 f.) als
die wahren Gegenstände von Kunst und Literatur. Die
später (vgl. 15,27 f.) expressis verbis ausgesprochene Verteidigung der niederländischen Malerei gegenüber der italienischen, des ›niederländischen‹ genus humile gegenüber
dem ›italienischen‹ genus sublime der rhetorischen Stillehre
kündigt sich bereits hier an: bei der Wertschätzung des
»Hundsstalls« als eines gleichberechtigten Gegenstands
der Kunst. Eine auffallende Parallele zu Lenzens »Hundsstall« findet sich in Goethes Abhandlung »Nach Falconet
und über Falconet« (in Goethes Anhang zu Heinrich Leo-
pold Wagners Mercier-Übersetzung *Neuer Versuch über
die Schauspielkunst*), in der Goethe »die Werkstätte eines
Schusters«, »einen Stall« und einen »Stiefel« gleichrangig
und gleichbedeutend neben das Gesicht der Geliebten und
neben die antike Statue setzt. Während sich Goethe für ein
Nebeneinander von Niederländischem und Italienischem,
von Rembrandt und Raffael ausspricht, stellt Büchners
Lenz im weiteren Verlauf des Gesprächs das Niederländi-

## I. Kommentar, Wort- und Sacherklärungen

sche über das Italienische, das ›Niedrige‹ über das ›Hohe‹, den sermo humilis über das genus sublime.

14,20 *Holzpuppen:* In abwertendem Sinne spricht auch der historische Lenz in seinen *Anmerkungen übers Theater* (1774) wiederholt von »Marionettenpuppen«, denen er als positive Figuren dramatische »Charaktere« gegenüberstellt, »die sich ihre Begebenheiten erschaffen, die selbständig und unveränderlich die ganze große Maschine selbst drehen, ohne die Gottheiten in den Wolken anders nötig zu haben, als wenn sie wollen zu Zuschauern«.

14,20 f. *Dieser Idealismus ist die schmählichste Verachtung der menschlichen Natur:* vgl. Büchners Brief vom Februar 1834 an seine Eltern: »Der Aristokratismus ist die schändlichste Verachtung des heiligen Geistes im Menschen« (WuB, S. 254). – Im ›Kunstgespräch‹ »steht Realismus gegen Idealismus, Demokratismus gegen Aristokratismus«. »Kaufmann, als Anhänger der idealistischen Periode, ist zugleich ein Vertreter des menschenverachtenden Aristokratismus« (Schröder, S. 109 f.).

14,21–24 *Man versuche es einmal ... Mienenspiel:* Der erste Teil dieser Aufforderung weist »eher auf die Thematik des *Woyzeck* voraus«, während der zweite »bereits die Darstellungsmethode« des *Lenz* trifft, »die man nicht von ungefähr als Art ›Telegrammstil‹ charakterisiert hat« (Hinderer, 1983, S. 279).

14,22 f. *das Leben des Geringsten:* vgl. *Leonce und Lena* III,1: »Weißt du auch, Valerio, daß selbst der Geringste unter den Menschen so groß ist, daß das Leben noch viel zu kurz ist, um ihn lieben zu können?« (WuB, S. 111.)

14,25 f. *im »Hofmeister« und den »Soldaten«:* die beiden bedeutendsten und bekanntesten Dramen von Lenz; beide sind anonym erschienen: *Der Hofmeister oder Vortheile der Privaterziehung. Eine Komödie*, Leipzig 1774; *Die Soldaten. Eine Komödie*, Leipzig 1776. – Die beiden Dramen haben den Dramatiker Büchner auf mannigfache Weise beeinflußt (vgl. Register der Büchner-Ausgaben von Fritz Bergemann).

**14,35** *Bilder der altdeutschen Schule:* Bilder von deutschen Malern des 15. und 16. Jh.s, wie etwa von Albrecht Dürer, Martin Schongauer, Matthias Grünewald und Albrecht Altdorfer.

**15,1** *Medusenhaupt:* Die Medusa ist eine der drei Gorgonen. Ihr Blick läßt jeden, der sie sieht, zu Stein werden.

**15,11** *radotieren:* ungehemmt schwatzen, faseln; Fremdwort nach dem französischen Verb *radoter* ›dummes Zeug reden‹.

**15,11–14** *Man muß die Menschheit lieben ... verstehen:* Lenz formuliert hier sein Gebot zur Menschenliebe, zur Mitmenschlichkeit, zum Mitleid. Daß gerade auch hier aus der fiktiven Figur des Lenz der Autor Büchner spricht, dokumentieren andere Zeugnisse zur Genüge: Büchners Brief an die Eltern vom Februar 1834, eine Äußerung August Beckers über Büchner (vgl. *Werke und Briefe*, 1968, S. 561: »Die Grundlage seines Patriotismus war wirklich das reinste Mitleid und ein edler Sinn für alles Schöne und Große.«) sowie die bereits zitierte Bemerkung Leonces gegenüber Valerio (vgl. Anm. zu 14,22 f.) in *Leonce und Lena.* – Mit dem Kunstgespräch des *Lenz* reiht sich Büchner »in die gegen-klassische Tradition der Mitleidspoetik« ein, wobei »freilich der Dimensionswechsel, der Sprung« nicht zu übersehen ist, »der Büchner und sein Werk von den Vorläufern des Sturm und Drang absetzt. Es handelt sich um den Sprung vom anthropologischen Gefühlsoptimismus der aufklärerischen (rousseauistischen) Mitleids- und Sympathielehre zu einer emphatischen Philosophie des Leidens und des Weltschmerzes, die Büchner mit seinem Zeitalter verbindet.« (Schings, S. 79.)

**15,11 f.** *Menschheit:* hier nicht, wie heute fast nur noch, im kollektiven Sinne von ›Gesamtheit der Menschen‹ gebraucht, sondern im charakterisierenden, auszeichnenden Sinne von ›menschliche Art‹, ›menschliches Wesen‹, in welcher Bedeutung das Wort im 18. Jh. häufig vorkommt (vgl. DWb. 12, Sp. 2077 ff.).

**15,20 f.** *Apoll von Belvedere:* Apollon darstellende Marmor-

*I. Kommentar, Wort- und Sacherklärungen* 31

statue (Höhe: 2,24 m) in den Vatikanischen Museen. Römische Kopie eines wohl aus Bronze bestehenden griechischen Originals (aus der Mitte des 4. Jh.s v. Chr.), das dem attischen Bildhauer Leochares zugeschrieben wird. Durch Johann Joachim Winckelmanns enthusiastische Beschreibung der Marmorstatue (in seiner *Geschichte der Kunst des Alterthums*, Dresden 1764, S. 392–394) wurde der Apollo von Belvedere in der zweiten Hälfte des 18. Jh.s zum Inbegriff der griechischen Kunst. Winckelmann in der *Geschichte der Kunst des Alterthums:* »Die Statue des Apollo ist das höchste Ideal der Kunst unter allen Werken des Alterthums, welche der Zerstörung derselben entgangen sind. Der Künstler derselben hat dieses Werk gänzlich auf das Ideal gebauet, und er hat nur eben so viel von der Materie dazu genommen, als nöthig war, seine Absicht auszuführen und sichtbar zu machen. Dieser Apollo übertrift alle andere Bilder desselben so weit, als der Apollo des Homerus den, welchen die folgenden Dichter malen. [. . .] Ich vergesse alles andere über dem Anblicke dieses Wunderwerks der Kunst« (S. 392 f.). Auch den klassischen, von Winckelmann beeinflußten Goethe, der seit 1782 einen Abguß (Bruststück) des Belvederschen Apolls besaß, hat die Apollo-Statue stark und nachhaltig beeindruckt. In der *Italienischen Reise* schreibt er unter dem 3. Dezember 1786, neben dem Pantheon, der Sixtinischen Kapelle und einigen kolossalen Köpfen habe »der Apoll von Belvedere« sein »Gemüth« so »eingenommen«, daß er »daneben fast nichts mehr« sehe (*Werke*, vollständige Ausgabe letzter Hand, Bd. 27, Stuttgart/Tübingen 1829, S. 237 f.), und im Bericht über den zweiten römischen Aufenthalt heißt es (September 1787): »Nun war eines Abends der Apoll von Belvedere, als eine unversiegbare Quelle künstlerischer Unterhaltung wieder zum Gespräch gelangt, und bei der Bemerkung, daß die Ohren an diesem trefflichen Kopfe doch nicht sonderlich gearbeitet seyen, kam die Rede ganz natürlich auf die Würde und Schönheit dieses Organs, die Schwierigkeit ein schönes in der Natur zu finden, und es

## I. Kommentar, Wort- und Sacherklärungen

künstlerisch ebenmäßig nachzubilden.« (Ebd., Bd. 29, Stuttgart/Tübingen 1829, S. 102.) – Kaufmanns Vorwurf gegenüber Lenz, daß er »in der Wirklichkeit doch keine Typen für einen Apoll von Belvedere [...] finden würde« (15,19–21), könnte durch die zuletzt zitierte Stelle aus der *Italienischen Reise* angeregt worden sein. Goethes *Italienische Reise* ist 1829 in den Bänden 27 bis 29 der »Vollständigen Ausgabe letzter Hand« erschienen. Diese – 1827 bis 1830 in 40 Bänden erschienene – Ausgabe war Büchner seit seinen letzten Gymnasialjahren bekannt, aus ihr hat er in seiner Rezension eines Schulaufsatzes *Über den Selbstmord* nachweislich zitiert (vgl. WuB, S. 438 f.), sie befand sich nicht nur in der Bibliothek des von ihm besuchten Darmstädter Gymnasiums (vgl. das Osterprogramm des Darmstädter Gymnasiums von 1832, S. 29), sondern vermutlich auch in der seines Elternhauses, und sie war Büchner sicher auch 1835/36 in Straßburg zugänglich, als er am *Lenz* arbeitete.

15,21 *Raphaelische Madonna:* Von dem italienischen Renaissance-Maler Raffael (eigentlich Raffaelo Santi, 1483 bis 1520) existieren rund dreißig Madonnenbilder, darunter zum Beispiel: Sixtinische Madonna, Madonna Tempi, M. Colonna, M. di Foligno, M. della Sedia, M. del Pesce, M. Alba, M. della Tenda.

15,27 f. *Die holländischen Maler sind mir lieber, als die italienischen:* »Die Verteidigung der niederländischen Malerei« ist ein – zum Beispiel bei Diderot, Goethe und Hegel vorkommender – »Rechtfertigungs-Topos, der die Ausbildung und theoretische Begründung einer realistischen Schreibweise zu begleiten pflegt«. »Man verteidigt die Niederländer, weil man auf der eigenen Würde auch des Niedrigen und Vergessenen besteht.« (Schings, S. 77 f.)

15,31 f. *Christus und die Jünger von Emmaus:* Bei diesem Bild handelt es sich zweifelsfrei um das Ölgemälde »Christus in Emmaus« des niederländischen Malers Carel von Savoy (um 1621–65). Das Bild (s. S. 33) hing seit 1810 in der Gemäldesammlung des Großherzoglichen Museums in

*Carel von Savoy: Christus in Emmaus*

34    *I. Kommentar, Wort- und Sacherklärungen*

Darmstadt (heute befindet es sich im Hessischen Landesmuseum Darmstadt), wo es Büchner wahrscheinlich wiederholte Male intensiv betrachtet hat, einmal nachweislich
im Sommer 1833 zusammen mit seinem französischen
Freund Alexis Muston (1810–88), der in seinen Memoiren
über den Museumsbesuch schreibt: »Un Christ à Emmaüs
m'a également frappé, mais je ne me souviens pas de
l'auteur.« (H. Fischer, S. 81.)

16,8–16 f. *Dann ein anderes ... liest den Text nach:* Nach
einem freundlichen Hinweis von Hubert Gersch handelt
es sich bei dieser Passage nicht um die Beschreibung eines
tatsächlich existierenden Bildes eines holländischen Malers, sondern um die Beschreibung des Interieurs der
ersten Szene von Ludwig Tiecks Märchentragödie »Leben
und Tod des kleinen Rotkäppchens«, erschienen u. a. im
*Phantasus* (Bd. 1, Berlin 1812, S. 478–511). Die erste
Szene der »Tragödie« spielt an einem »Sonntag« in der
»Stube« der Großmutter, die am Fenster sitzt, von ferne
das Glocken-»Geläute« der Kirche hört, im »Gesangbuch« liest und einen Eingangsmonolog hält. In seiner
vierten Replik bemerkt Rotkäppchen gegenüber der
Großmutter: »Du hast ja schönen frischen Sand gestreut [...].«

16,10 *der Sand gestreut:* »sand streuen in den zimmern,
sälen und gängen, damit der unflath nicht so gleich an
dem fuszboden hafften kan« (*Compendieuses und nutz-
bares Haußhaltungslexicon*, Chemnitz 1728, S. 811; zit.
nach: DWb. 14, Sp. 1756 f.).

16,21 *Er hatte Briefe von Lenzens Vater erhalten:* Auf
seiner Rußlandreise, die ihn im Frühjahr/Sommer 1777
u. a. nach Königsberg, Riga und Petersburg führte (vgl.
Milch, S. 84), hatte Kaufmann den Vater von Lenz kennengelernt (vgl. Lenzens Brief an Lavater vom 24. Juni
1777; Freye/Stammler, Bd. 2, S. 86 f.).

16,21 *Lenzens Vater:* Christian David Lenz (1720–98); studierte Theologie in Halle, ging 1740 als deutscher Ein-
wanderer in das zum russischen Reich gehörende Livland,

## *I. Kommentar, Wort- und Sacherklärungen* 35

wurde 1742 Seelsorger in Serben (Lettland), dann in Seß-
wegen (Livland), wo am 12. Januar (des russischen Kalen-
ders) 1751 sein zweiter Sohn Jakob Michael Reinhold
geboren wurde, übersiedelte 1759 in die größere Stadt
Dorpat, das heutige Tartu (Estland), war dort Pastor der
deutschen Gemeinde und Beisitzer im Konsistorium, bekleidete seit 1779 in Riga das hohe Amt des Generalsuperintendenten von ganz Livland (vgl. Rudolf, S. 19–21). –
Lenzens Vater, der von seinen Mitbürgern und Amtsbrü-
dern als einer der bedeutendsten Männer Livlands, als
hervorragender Theologe und Kanzelredner sowie als
höchst talentvoller theologischer Schriftsteller angesehen
wurde (vgl. Rudolf, S. 22 f.), erfreut sich in der Lenz-
Sekundärliteratur zumeist keines besonders guten Leu-
munds. Wahrscheinlich zu Unrecht. Denn Pastor Lenz betrachtete seine Vaterrolle mit großem religiösen Ernst,
kümmerte sich tatkräftig und verständnisvoll um die Erziehung und Bildung seiner Kinder (vgl. Rudolf, S. 25 f.), insbesondere um die seines »Lieblingssohns« Jakob, von dem
er sehr viel hielt und erwartete. Er war nicht autoritä-
rer als andere Väter seiner Zeit, und er wollte für seine
Kinder subjektiv gewiß nur das Beste. »Den besten Weg,
die Söhne zu fördern, sah er im Studium der Theologie.«
Denn »auf diese Weise hatte er«, der Sohn eines armen
Kupferschmieds, »es weit gebracht und sollte es noch
weiter [ . . . ] bringen« (Hohoff, S. 17). »Das Schlimmste«,
was man von Lenzens Vater sagen kann, »ist, daß er Jacob
als Theologiestudent auf die Universität schickte und dies
gegen den Willen des Sohnes« (Rudolf, S. 26 f.). Dieser
konnte den väterlichen Wunsch nicht befolgen, brach sein
Studium der Theologie nach zweieinhalb Jahren ab und
verließ Königsberg, ohne ein Examen abgelegt zu haben,
was der enttäuschte Vater dem Sohn nie verziehen hat.
Für den Vater, wie vor allem vor sich selbst, war Lenz
seitdem der verlorene Sohn (vgl. Freye / Stammler, Bd. 2,
S. 127, sowie Albrecht Schöne, *Säkularisation als sprach-*
*bildende Kraft*, Göttingen 1958, S. 87–115).

**16,25** *Hier weg, weg! nach Haus? Toll werden dort?:* Für den Inhalt dieses Gesprächs zwischen Lenz und Kaufmann bietet der Oberlin-Bericht, in dem lediglich eine Unterredung zwischen Kaufmann und Lenz unter vier Augen erwähnt wird (vgl. 37,26 f.), keinerlei Anhaltspunkte. Büchner hat sowohl Kaufmanns Aufforderung, Lenz solle in die Heimat zum Vater zurückkehren, »ihn unterstützen« (16,22) und sich nützlich machen, als auch Lenzens heftige Replik auf dieses Ansinnen frei erfunden. Wenn der fiktive Lenz sich vehement weigert, nach Hause zum Vater zurückzukehren, so stellt Büchner mit der Erfindung dieses Details sein großes psychologisches Einfühlungsvermögen, seine erstaunliche Intuition als Dichter-Biograph unter Beweis: Der historische Lenz hat sich 1778/79 lange Zeit offenbar mit Erfolg dagegen gewehrt, zum Vater nach Hause geschickt zu werden. Als er im März 1778 fest entschlossen zu sein scheint, zu ihm zurückzukehren, verschlechtert sich sein Krankheitszustand plötzlich so sehr, daß er die weite Reise in die Heimat nicht antreten kann (vgl. Freye/ Stammler, Bd. 2, S. 126). Am 8. November 1778 schreibt Schlosser an Herder, daß Lenz, »ob er gleich besser ist«, »doch nicht heim« wolle (Waldmann, S. 89). – Textintern ist der »heftige Ausbruch« von Lenz, dem es zuwider ist, »sein Leben in eine soziale Rolle zu fassen«, »geradezu die praktische Anwendung des programmatischen Satzes aus dem Monolog« (Michels, S. 29): »Ich verlange in allem Leben, Möglichkeit des Daseins, und dann ist's gut« (14,10 f.).

**16,27 f.** *wenn ich nicht manchmal auf einen Berg könnte und die Gegend sehen könnte:* vgl. Büchners Gießener Brief an die Braut (nach dem 10. März 1834): »Hier ist kein Berg, wo die Aussicht frei sei. Hügel hinter Hügel und breite Täler, eine hohle Mittelmäßigkeit in Allem; ich kann mich nicht an diese Natur gewöhnen« (WuB, S. 256).

**16,33** *ru⟨h⟩en:* Im Erstdruck von Gutzkow steht hier das durch Druckfehler entstellte Wort »rufen«.

**16,34–17,1** *Immer steigen, ringen ... springen:* Lenz – auf

*I. Kommentar, Wort- und Sacherklärungen* 37

der Flucht vor den Ansprüchen der Vaterwelt, »auf der
Flucht vor der bürgerlichen Gesellschaft des 18. Jahrhunderts in das menschenleere Gebirge und die einfachen vor-
bürgerlichen Dorfgemeinschaften der Vogesen« – artikuliert hier unmißverständlich seinen Abscheu vor »der ihm
unerträglichen Normalität der entstehenden Arbeits- und
Leistungsgesellschaft« (Schröder, S. 97) mit ihrer Forde-
rung nach Lust- und Triebverzicht.
17,1 *helle Quellen:* reine, klare Quellen. Den Nebensinn
›rein‹ hat das Adjektiv *hell* »namentlich in bezug auf wasser«
(DWb. 10, Sp. 964). Vgl. WuB, S. 59: »helle Quellen«.
17,7 *in die Schweiz zu gehen:* Von Kaufmann eingeladen,
»mit ihm zu seiner Hochzeit in die Schweiz zu gehn«
(37,31 f.), und außerdem von dem Wunsch geleitet, die
Schweiz kennenzulernen und in Zürich Lavater zu besu-
chen (vgl. 37,32 f.), machte sich der historische Oberlin am
26. Januar 1778 zu Pferd auf die Reise, die ihn allerdings
nicht – wie beabsichtigt – bis in die Schweiz, sondern nur
bis in die benachbarte badische Markgrafschaft Hochberg
führte. Dort besuchte Oberlin in Köndringen den Pfarrer
und Dekan Nikolaus Christian Sander und in Emmendingen den Oberamtmann Johann Georg Schlosser, zwischen
denen »es damals harte pädagogische Auseinandersetzun-
gen« gab (Psczolla, S. 105). Über seine ›Schul- und Erziehungs-Reise‹ ins Badische und die pädagogische Kontro-
verse der beiden Männer machte sich Oberlin detaillierte
Aufzeichnungen, die Robert Jung (»Ein bisher unbekann-
tes Manuskript J.-Fr. Oberlins aus dem Jahre 1778«, in:
*Cahiers Alsaciens* 2, 1913, S. 266–277) 1913 veröffentlichte (zu Oberlins erster ›Schul- und Erziehungs-Reise‹
vgl. auch Heinsius, S. 343–351). Daß Oberlin seine Reise in Emmendingen abbrach, daß er nicht in die Schweiz
weiterreiste, ist wohl nur dadurch zu erklären, daß ihm
Schlosser von Lenzens ersten schweren Wahnsinnsanfäl-
len (bei Kaufmann in Winterthur) erzählte. Diese ihn
offenbar sehr beunruhigende Neuigkeit wird Oberlin zur
vorzeitigen Rückkehr nach Waldersbach veranlaßt haben

(vgl. Heinsius, S. 351, Psczolla, S. 105, sowie Anm. zu 13,30 f.).

17,7 *Lavater:* Johann Caspar L. (1741–1801), philosophisch-religiöser Schriftsteller, seit 1775 Pfarrer in seiner Geburts- und Sterbestadt Zürich. Lavaters Hauptwerk: *Physiognomische Fragmente, zur Beförderung der Menschenkenntnis und Menschenliebe* (4 Bde., 1775–78). Durch dieses Werk ist die Physiognomik, die Lehre von der körperlichen Ausprägung der Seele in Merkmalen des Gesichts und des Schädels, zur Modewissenschaft und Lieblingsbeschäftigung der Zeit geworden. Befürworter fand die Physiognomik Lavaters insbesondere unter den Anhängern der Sturm-und-Drang-Bewegung. Als Helfer, die ihm ›Physiognomisches‹ in Wort und Bild beisteuerten, zählt Lavater am Schluß des 4. Bandes seiner *Fragmente* unter anderen Herder, Merck, Lenz und Kaufmann auf. – Oberlin stand zwischen 1774 und 1801 mit Lavater im Briefwechsel. Persönlich kennengelernt haben sich die beiden Männer nicht (vgl. Kurtz, S. 168 f.). Beide Pfarrer glaubten an übernatürliche Offenbarungen, Visionen und Geistererscheinungen; beide waren an Phänomenen wie Magnetismus, Trancezuständen und Somnambulismus interessiert; beide haben Tote wiederaufzuwecken versucht: Oberlin durch Massage und künstliche Beatmung, Lavater durch die Kraft des Gebetes (vgl. Rudolf, S. 109).

17,10 *Zurüstungen:* Vorbereitungen (vgl. DWb. 32, Sp. 722).

17,13 f. *er ging mit sich um wie mit einem kranken Kinde:* Parallele in Goethes Roman *Die Leiden des jungen Werthers* (1. Buch, Brief vom 13. Mai): »Auch halte ich mein Herzchen wie ein krankes Kind«.

17,29 *rauchende Ebne:* dampfende Ebene. »Von bergen, feldern, ebenen u.s.w., denen dampf entsteigt« (DWb. 14, Sp. 244).

18,1–19,2 *Es war finster Abend ... schlief endlich Lenz tief ein:* Die nächtliche Hüttenszene mit dem kranken, wohl epileptischen Mädchen, dem »mit schnarrender Stimme«

*Jakob Michael Reinhold Lenz*
*Silhouette aus Lavaters »Physiognomischen Fragmenten«*

singenden »alten Weib« (18,8) und dem »im Rufe eines Heiligen« (19,21 f.) stehenden, wundertätigen, großgewachsenen Mann hat Büchner wahrscheinlich nach einer ähnlichen Szene in Ludwig Tiecks Romanfragment *Der Aufruhr in den Cevennen* (1826) gestaltet: Gegen Ende des ersten Abschnitts erzählt Edmund Beauvais, die Hauptfigur des Romans, von einer »einsamen Scheune« in einem abgelegenen Gebirgstal, in der eine kleine »bäurische Versammlung« in religiöser Verzückung heimlich ihren Gottesdienst abhält. Zu den dort Versammelten gehören »einige alte Weiber«, die in »unharmonischem Gewinsel« Psalmen singen, ein prophezeiender, etwa achtjähriger Knabe, der »wie in Krämpfen« zuckt, sowie »ein großer Mann«, der nach einiger Zeit in die Scheune tritt und von allen »ehrfurchtsvoll« begrüßt wird (vgl. L. Tieck, *Der Aufruhr in den Cevennen. Eine Novelle in vier Abschnitten*, Berlin 1826, S. 152–155). – In der biographischen Einleitung zur Ausgabe der *Nachgelassenen Schriften von Georg Büchner* (S. 18 f.) berichtet dessen jüngerer Bruder Ludwig, im September 1834 habe Georg mit Minna Jaeglé Tiecks Romanfragment *Der Aufruhr in den Cevennen* gelesen.

18,8 *schnarrender Stimme: schnarren* »ein rauhes vibrierendes geräusch hervorbringen«, ein lautmalendes Wort, das meist – so auch hier – vom Menschen gesagt wird: »von einer rauhen, vibrierenden stimme«, »besonders von einer groben gutturalen aussprache«, sowohl von der Sprechwie der Singweise (DWb. 15, Sp. 1186 ff.).

18,12 f. *ein Mann:* nach Schings (S. 70) »ein obskurer Heilkundiger Mesmerscher Provenienz«. Zum Mesmerismus vgl. Anm. zu 12,36–13,10.

18,21 f. *gerungen wie Jakob:* vgl. 1. Mose 32,25 ff. (Jakobs Kampf mit Gott, dem Herrn).

18,26 *die Uhr pickte:* »einen dem ›picken‹ (des spechtes, der spitzhaue) ähnlichen, spitz anschlagenden ton von sich geben, wie der holzwurm, die uhr« (DWb. 13, Sp. 1841). Vgl. *Dantons Tod* IV,3: »Will denn die Uhr nicht ruhen? Mit jedem Picken schiebt sie die Wände enger um mich [. . .].«

*I. Kommentar, Wort- und Sacherklärungen* 41

19,12 *Rauch:* Nebel, dem Rauch ähnlicher Dunst (DWb. 14, Sp. 240).

19,17 *Indem:* Unterdessen, indessen; hier temporales Adverb, »die gleichzeitigkeit mit etwas vorher erzähltem betonend« (DWb. 10, Sp. 2107).

20,2 f. *seine Tränen waren ihm dann wie Eis:* Eine Parallele zum Bild der gefrorenen Tränen findet sich in Friedrich Schlegels Roman *Lucinde* (1799), in dem Julius von seiner Isolation mitten im »Gewühl des Lebens und der Menschen« erzählt: »Da befiel mich Entsetzen, wie wenn ein Sterblicher sich in der Mitte unabsehlicher Eisgebirge plötzlich allein fände. Alles war mir kalt und fremd und selbst die Träne gefror.« (Friedrich Schlegel, *Lucinde*, hrsg. von Karl Konrad Polheim, Stuttgart 1963, Reclams Universal-Bibliothek, 320 [2], S. 93.) »Ein Rauhreif scheint sich über die Poesie seit der Spätromantik zu breiten«: die Themen der ›Winterreise‹, der ›Gefrorenen Tränen‹, der Erstarrung, des erstorbenen Lebens und der Schwermut ›künden vom Einbruch eines Seelenfrostwetters‹ (Manfred Frank, »Steinherz und Geldseele. Ein Symbol im Kontext«, in: *Das kalte Herz und andere Texte der Romantik*, Frankfurt a. M. 1978, insel taschenbuch, 330, S. 352).

20,17 f. *Auf dieser Welt hab' ich kein' Freud', / Ich hab' mein Schatz und der ist weit:* Die ersten beiden Zeilen zweier ›Volkslieder‹, die 1808 unter den Titeln »Bildchen« bzw. »Liebeswünsche« im dritten Teil von *Des Knaben Wunderhorn* (hrsg. von Achim von Arnim und Clemens Brentano) erschienen sind. Im zweiten Vers heißt es in den *Wunderhorn*-Liedern »einen Schatz« bzw. »ein Schatz«.

20,22 *das Frauenzimmer:* Dem fiktiven »Frauenzimmer«, auf das Lenz in der Erzählung noch mehrmals zu sprechen kommt (vgl. 17,19; 23,24; 27,1) und das er einmal mit dem Namen »Friederike« apostrophiert (vgl. 24,19), entspricht in der historischen Wirklichkeit Friederike Brion (1752 bis 1813), die Tochter des Pfarrers Johann Jakob Brion in Sesenheim. Goethe lernte Friederike im Oktober 1770 kennen, verliebte sich in sie, besuchte sie häufig von Straßburg aus und verließ sie im August 1771, ohne sie zunächst wissen zu lassen, daß der Abschied endgültig sei. Lenz hat die Bekanntschaft Friederike Brions im Sommer 1772 gemacht, sich anscheinend heftig in sie verliebt (Friederike war wohl sein erstes und nachhaltigstes Liebeserlebnis) und vielleicht versucht, Goethes Stelle bei der Verlassenen einzunehmen. Ob seine Liebe von Friederike ernstgenommen oder gar erwidert wurde, entzieht sich unserer Kenntnis. Nach allem, was wir über Lenzens »Beziehungen zum weiblichen Geschlecht wissen, war seine Neigung einseitig und fand ihr Echo in seiner Einbildungskraft« (Hohoff, S. 66). Subjektiv scheint Lenz von Friederikes Gegenliebe überzeugt gewesen zu sein; darauf deuten sowohl seine Briefe an den Straßburger Aktuar Salzmann von Sommer 1772 (vgl. Freye/Stammler, Bd. 1, S. 17 ff.) als auch der Oberlin-Bericht hin, nach dem Lenz in Waldersbach wiederholt die Worte »sie liebte mich« (40,12 f.; 40,15) ausgesprochen hat. Büchner hat den Friederiken-Komplex kaum verändert aus dem Bericht Oberlins in seine Erzählung übernommen: das Eifersuchts-Motiv (vgl. Anm. zu 23,29), Lenzens Schuldgefühle gegenüber Friederike und seine fixe Idee, ihr Mörder zu sein. Beim historischen wie beim fiktiven Lenz spielt das gescheiterte Liebesverhältnis zu Friederike offenbar eine wichtige Rolle unter den Ursachen und Anlässen von Lenzens Wahnsinn. August Stöber, dem Büchner den weitaus größten Teil des Quellenmaterials für seine Erzählung verdankt, hat in dem Buch *Der Dichter Lenz und Friedericke von Sesenheim* (1842) die Auffassung vertreten, daß die »wahre Quelle« des Lenzschen Wahnsinns die gescheiterte Liebesbeziehung zu Friederike gewesen, daß Lenz wegen Friederike »wahnsinnig geworden« sei (A. Stöber, 1842, S. IV f.). – Daß sich Büchner bei der Konzeption seiner Erzählung auch für das ›Dreiecksverhältnis‹ Goethe – Friederike – Lenz interessierte, läßt sich einem verschollenen Brief Büchners entnehmen, aus dem Gutzkow in seinem Brief an Büchner

*I. Kommentar, Wort- und Sacherklärungen* 43

vom 6. Februar 1836 aus der Erinnerung zitiert: »Schrieben Sie mir nicht, daß Lenz Göthes Stelle bei Friederiken vertrat.« (WuB, S. 310.)

21,2 *ruhig.* ⟨x–x⟩: In Gutzkows Erstdruck stehen hinter »ruhig« drei Punkte.

21,7 f. *Jetzt ist es mir so eng ... als stieß' ich mit den Händen an den Himmel:* vgl. die Replik Leonces auf die Bemerkung Valerios, die Welt sei »doch ein ungeheur weitläuf- ⟨t⟩iges Gebäude«: »Nicht doch! Nicht doch! Ich wage kaum die Hände auszustrecken, wie in einem engen Spiegelzimmer, aus Furcht überall anzustoßen« (*Leonce und Lena* II,1; WuB, S. 104).

21,24 *Gott möge ein Zeichen an ihm tun:* biblischer Sprachgebrauch; vgl. etwa Psalm 86,17 (Gebet Davids zu Gott): »Tue ein Zeichen an mir, daß mir's wohl gehe«.

21,25–22,14 *Am dritten Hornung hörte er ... die Leiche blieb kalt:* Die Episode von der versuchten Wiedererweckung eines gestorbenen Kindes ist angeregt durch den Bericht Oberlins, der bei der Rückkehr nach Waldersbach erfährt, daß Lenz in seiner Abwesenheit am 3. Februar »ein zu Fouday soeben verstorbenes Kind, das Friederike hieß, aufwecken wollte, welches ihm aber fehlgeschlagen« (38,29–31). Angeregt ist die von Büchner selbständig ausgestaltete Episode weiterhin durch diverse Berichte über Wiederbelebungen und ›Wiedererweckungen‹, die Oberlin an erfrorenen und ertrunkenen Mädchen mit Erfolg vorgenommen hat und die ihn in den Ruf eines Wundertäters gebracht haben (vgl. Kurtz, S. 100 f., sowie Büchner-Katalog, S. 222).

21,26 *Hornung:* Februar.

21,26 *Fouday:* Eines der fünf Dörfer, die zur Gemeinde Waldersbach gehören. Der den Eingang zum Steintal bildende Ort liegt an der Breusch (frz. Bruche), dem in der Nähe von Straßburg in die Ill mündenden Fluß der Mittelvogesen. Oberlin wurde 1826 auf dem Friedhof von Fouday begraben.

21,27 *fixe Idee:* vgl. auch 29,27 (»wahnwitzigen Idee«).

Camille wünscht sich im Hinblick auf seine wahnsinnig gewordene Frau Lucille: »Der Himmel verhelf' ihr zu einer behaglichen fixen Idee« (*Dantons Tod* IV,5; WuB, S. 63). – Fixe Ideen und die subjektive Überzeugung von deren Richtigkeit gehören nach der medizinischen Fachliteratur zu Beginn des 19. Jahrhunderts wesentlich zur Charakteristik und Symptomatik der mit dem Sammelbegriff ›Melancholie‹ bezeichneten Geisteskrankheit (vgl. Franz Loquai, *Künstler und Melancholie in der Romantik*, Frankfurt a. M. [u. a.] 1984, S. 5 ff. und 26 ff.). Oberlin benutzt in seinem Bericht den Terminus »Melancholie« bzw. »Schwermut« wiederholt für Lenzens Krankheit (vgl. 46,21; 46,28; 47,25). Büchner vermeidet den Begriff »Melancholie« und verwendet statt dessen im Hinblick auf Lenz den Begriff »Wahnsinn«. Beide Begriffe liegen jedoch nach der damaligen medizinisch-psychiatrischen Auffassung sehr eng beieinander; Melancholie wird als Vorstufe zum Wahnsinn, manchmal auch als Form des Wahnsinns betrachtet (vgl. Loquai, S. 27 und 29 ff.).

21,29–32 *mit Asche beschmiert ... wie ein Büßender:* vgl. Dan. 9,3; Jona 3,6 ff.; Mt. 11,21.

22,2 f. *die halbgeöffneten gläsernen Augen:* Das hippokratische Gesicht (die facies hippocratica), d. h. der erstmals von dem griechischen Arzt Hippokrates beschriebene Gesichtsausdruck Sterbender und Toter, scheint für Büchner eine Art Obsession gewesen zu sein. In seinem zweiten Brief an die Braut (um den 10. März 1834) heißt es: »Das Gefühl des Gestorbenseins war immer über mir. Alle Menschen machten mir das hippokratische Gesicht, die Augen verglast, die Wangen wie von Wachs« (WuB, S. 255).

22,3 f. *Das Kind kam ihm so verlassen vor, und er sich so allein und einsam:* Den Horror vor dem Allein- und Verlassen-Sein im Tod kennt auch Camille in *Dantons Tod* III,7: »Da liegen allein, kalt, steif« (WuB, S. 54).

22,12 f. *Stehe auf und wandle:* Diese Worte spricht Christus im Zusammenhang mit der Heilung des Gichtbrüchigen (vgl. Mt. 9,5; Mk. 2,9; Lk. 5,23). Außerdem – und das gibt

*I. Kommentar, Wort- und Sacherklärungen* 45

der Stelle erst ihre blasphemische Brisanz – benutzt Lenz
hier eine ähnliche Formulierung wie Jesus bei der Auferweckung der Tochter des Jairus (Mk. 5,41: »Mägdlein, ich
sage dir, stehe auf!«) und des toten Jünglings aus der Stadt
Nain (Lk. 7,14: »Jüngling, ich sage dir, stehe auf!«). Auch
die Auferweckung des Lazarus durch Jesus (vgl. Joh. 11)
ist für Lenzens Wiedererweckungsversuch von Bedeutung.
– Reinhold Grimm stellt die ›ketzerische‹ Frage: Ist nicht
»die Wahnsinnstat des verstörten Lenz, sein Auferwek-
kungsversuch an der toten Friederike, im Grunde so etwas
wie ein Versuch, die einstige Seligkeit mit der lebenden
Friederike wieder vom Tode zu erwecken?« (R. Grimm,
»Coeur und Carreau. Über die Liebe bei Georg Büchner«,
in: GB I/II, S. 302.)

22,19–30 *In seiner Brust ... ruhig und fest:* Ein ähnliches
Atheismus-Erlebnis in der Natur hat in Ludwig Tiecks
Romanfragment *Der Aufruhr in den Cevennen* die Hauptfigur Edmund Beauvais: »Bald ruhend, bald wandelnd kam
ich mit der Dämmerung der Frühe in die Gegend von Sauve
hinüber, im innern Gebirge. Sie kennen [...] die hohe Lage
der dortigen traurigen Landschaft, kein Baum, kein
Strauch weit umher [...]. Hier warf ich mich wieder nieder
und schaute in die wüste Zerstörung hinaus, und über mir
in den dunkelblauen Himmel hinein. Sonderbar, wie sich
hier mein Gemüth verwirrte [...], wie mir plötzlich hier
jedes glaubende Gefühl, jeder edle Gedanke untersank,
wie mir die Schöpfung, die Natur, und das seltsamste
Räthsel, der Mensch [...], wie toll, widersinnig und lä-
cherlich mir alles dies erschien. Ich konnte mich nicht zäh-
men, ich mußte unaufhaltsam dem Triebe folgen, und mich
durch lautes Lachen erleichtern. Da war kein Gott, kein
Geist mehr, da war nur Albernheit, Wahnwitz und Fratze
in allem, das kreucht, schwimmt und fliegt, am meisten in
dieser Kugel, die denkt, sinnt und weint, und unterhalb
frißt und käut. [...] Vernichtung, todtes kaltes Nichtsein,
schienen mir einzig wünschenswerth und edel. Ich war
ganz zerstört, und schwer ward mir der Rückweg zum

46                *I. Kommentar, Wort- und Sacherklärungen*

Leben, aber ich fand ihn endlich mit Hülfe des Erbarmenden.« (L. Tieck, *Der Aufruhr in den Cevennen*, Berlin 1826, S. 158 f.)

23,5 *Einige Tage darauf kam Oberlin aus der Schweiz zurück:* Nach Oberlins Bericht war dies der 5. Februar 1778 (vgl. 39,14). Aus dem Bericht geht weiter hervor, daß Oberlin nicht bis in die Schweiz, sondern lediglich »bis nach Köndringen und Emmendingen« gekommen ist, von wo er über Breisach und Kolmar zurück ins Steintal reiste (vgl. 38,11 ff.).

23,10 *Pfeffel:* Gottlieb Konrad P. (1736–1809), elsässischer Lyriker, Erzähler und Fabeldichter; Gründer und Leiter der École Militaire in Kolmar. – Oberlin hat Pfeffel auf seiner Rückreise von Emmendingen ins Steintal Anfang Februar 1778 in Kolmar kennengelernt (vgl. 38,14 f.). In Pfeffels Fremdenbuch ist unter dem 4. Februar 1778 »Monsieur Jean Frédéric Oberlin, Ministre de Waltersbach« als Gast angeführt (vgl. H. Pfannenschmid, *Gottlieb Konrad Pfeffel's Fremdenbuch, mit biographischen und culturgeschichtlichen Erläuterungen*, Colmar 1892, S. 131 f.). Kurz nach der ersten Begegnung schreibt Pfeffel am 6. Februar 1778 an Jakob Sarasin über Oberlin: »Ein simpler, redlicher, weiser, unermüdeter, menschenliebender, kurz ein wahrhaft apostolischer Mann. Ohne Ansprüche auf Genie und Berühmtheit wirkt er in seiner Sphäre langsam wie die Vorsehung, die ihn unterstützt. Er hat das Steintal, das elsässische Sibirien, schon zur Hälfte umgeschaffen, den höchst armen und verwilderten Einwohnern Liebe zur Arbeit, zum Lesen und zu aufheiternden Künsten und, was unendlich mehr ist, zu Sitten und Tugenden eingeflößt [...]. Was Lenz tun wird, wollen wir sehen. Oberlin ist der Mann, und vielleicht der einzige Mann, der ihm, wenn sein Kopf es erlaubt, Geschmack an einer anhaltenden und nützlichen Arbeit beibringen kann.« (Zit. nach: Heinsius, S. 351.) – Pfeffel und Lenz kannten sich persönlich und haben Briefe miteinander gewechselt. Über deutliche Krankheitssymptome bei Lenz war Pfeffel schon

*I. Kommentar, Wort- und Sacherklärungen* 47

Ende November 1777 informiert. Am 24. November
schreibt er darüber an Sarasin: »»Lenzens Unfall weiß ich
seit Freitag [...]. Ich gestehe Dir, daß diese Begebenheit
weder mich noch meinen Lerse sonderlich überraschte. Ich
hoffe aber doch, der gute Lenz werde wieder zurecht kommen und dann sollte man ihn nach Hause jagen oder ihm
einen bleibenden Posten ausmachen.« (Waldmann, S. 76 f.)
Als geeignete Heilmittel gegen die Krankheit von Lenz
betrachtet Pfeffel (wie auch Oberlin) eine geregelte Arbeit,
einen festen bürgerlichen Beruf oder die Rückkehr des verlorenen Sohns in die Heimat und die väterliche Obhut. –
Büchner kannte Pfeffels sozialkritisches Gedicht »Jost« aus
dem Revolutionsjahr 1789, aus dem er seinen Woyzeck
(in der Rasierszene »Hauptmann. Woyzeck« der vorläufigen Reinschrift) frei zitieren läßt: »ich glaub' wenn wir in
Himmel kämen so müßten wir donnern helfen.« (WuB,
S. 149.)

23,10  *das Leben eines Landgeistlichen glücklich preisend:* zur
Hochschätzung des Landgeistlichen in der deutschen Literatur vgl. auch Goethes *Dichtung und Wahrheit* (10.
Buch): »Ein protestantischer Landgeistlicher ist vielleicht
der schönste Gegenstand einer modernen Idylle; er erscheint, wie Melchisedek, als Priester und König in einer
Person. An den unschuldigsten Zustand, der sich auf Er-
den denken läßt, an den des Ackermanns, ist er meistens
durch gleiche Beschäftigung sowie durch gleiche Familien-
verhältnisse geknüpft; er ist Vater, Hausherr, Landmann
und so vollkommen ein Glied der Gemeine. Auf diesem
reinen, schönen, irdischen Grunde ruht sein höherer Beruf; ihm ist übergeben, die Menschen ins Leben zu führen,
für ihre geistige Erziehung zu sorgen, sie bei allen Haupt-
epochen ihres Daseins zu segnen, sie zu belehren, zu kräf-
tigen, zu trösten, und, wenn der Trost für die Gegenwart
nicht ausreicht, die Hoffnung einer glücklicheren Zukunft
heranzurufen und zu verbürgen.«

23,18  *Ich bin abgefallen:* biblischer Sprachgebrauch; vgl.
etwa Psalm 53,4 und Psalm 73,27.

**23,19** *der Ewige Jude:* vgl. *Dantons Tod* III,7: »Die Welt ist der ewige Jude« (WuB, S. 55). Sagengestalt, Hauptfigur des 1602 erschienenen Volksbuches *Kurze Beschreibung und Erzählung von einem Juden mit Namen Ahasverus.* Hiernach hat der Jerusalemer Schuster Ahasver den kreuztragenden Christus, als dieser auf dem Weg nach Golgatha sich an seinem Haus anlehnen wollte, mit barschen Worten fortgewiesen, worauf Jesus erwiderte: »Ich will stehen und ruhen, du aber sollst gehen bis an den Jüngsten Tag«. Seitdem wandert Ahasver, die Inkarnation der ewigen Verdammnis und Ruhelosigkeit, ohne ruhen oder sterben zu können, in der Welt umher. – Im 3. Teil (15. Buch) von *Dichtung und Wahrheit*, den Büchner für sein sympathetisches Lenz-Porträt ausgiebig benutzte, erzählt Goethe detailliert von seinem »wunderlichen Einfall, die Geschichte des ewigen Juden [...] episch zu behandeln«, d. h. von seinem nur in einer Anfangspartie ausgeführten Plan zu einem Epos *Der Ewige Jude.* Vielleicht hat diese Passage Büchner dazu angeregt, seinen Lenz mit dem Ewigen Juden zu identifizieren.

**23,20** *brünstig:* innig, inbrünstig.

**23,24–26** *Oberlin sagte ... angeben:* Der historische Oberlin kannte 1778, als Lenz bei ihm weilte, Friederike Brion noch nicht. Sie lernten sich erst später, Ende der achtziger / Anfang der neunziger Jahre, kennen, als Friederike im nahegelegenen Dorf Rothau bei ihrem Bruder Christian und ihrer Schwester Sophie wohnte. Friederike verkaufte damals für Oberlin die in seiner Familie hergestellten Strickarbeiten (vgl. Psczolla, S. 138), sie »freundete sich mit der Jugend in Oberlins Haus an und wurde Hilfslehrerin im Waldersbacher Pensionat, wo sie bis 1801 unterrichtete« (Kurtz, S. 198).

**23,29** *Verfluchte Eifersucht:* Büchners Lenz ist eifersüchtig, und er verflucht seine Eifersucht, weil er seine Geliebte aus Eifersucht verlassen bzw. »aufgeopfert« (23,30), weil er das Verhältnis zu ihr durch Eifersucht zerstört hat. Aus einem tiefen Schuldgefühl heraus bildet er sich ein, ihr

*I. Kommentar, Wort- und Sacherklärungen* 49

Mörder zu sein (vgl. 23,32; 26,20; 27,2). Der Text läßt
offen, ob Lenz von der fixen Idee beherrscht ist, die Geliebte aus Eifersucht ermordet zu haben. Büchner verwendet hier das Eifersuchts-Motiv, »das er in seinem Drama
*Woyzeck* klarer und dem Genre entsprechend dramati-
scher gestaltet hat. Was Lenz sich nur in der krankenden
Phantasie ausmalt, wird bei Woyzeck zu tragischer Wirklichkeit: Woyzeck ermordet aus Eifersucht das einzige
Wesen, das ihm bedeutungsvoll und sinngebend ist, das
Mädchen, das er liebt. Bei Lenz kommt es zu keinem wirklichen Mord, aber doch wohl im übertragenen Sinn. Auch
er opfert seine Liebe der Eifersucht und zerstört somit das
Verhältnis zu dem einen menschlichen Wesen, das ihm
einen Lebenssinn hätte geben können.« (Sevin, S. 21.)
23,30 *einen andern:* Gemeint ist hier Johann Wolfgang
Goethe (1749–1832). Zu dessen Verhältnis zu Friederike
Brion vgl. Anm. zu 20,22. Goethe und Lenz lernten sich
im Juni 1771 in Straßburg kennen; Ende Mai / Anfang Juni
1775 verbrachten sie zehn Tage gemeinsam in Emmendingen bei Goethes Schwester Cornelia Schlosser; vom
4. April bis zum 1. Dezember 1776 hielt sich Lenz zumeist
in Weimar in Goethes Nähe auf, bis er am 26. November
zum großen Verdruß Goethes eine bis heute nicht aufge-
klärte »Eselei« beging, die am 1. Dezember zu seiner Ausweisung durch den Herzog Karl August von Sachsen-Weimar führte. Die Freundschaft mit Goethe – Lenz nennt ihn
in Briefen »Bruder Goethe« (Freye/Stammler, Bd. 1,
S. 217) – endete für den labileren Lenz in einem Desaster.
Nach seiner Ausweisung aus Weimar führte Lenz ein un-
stetes, zielloses Wanderleben: Frankfurt a. M., Emmendingen, Basel, Zürich, Schaffhausen, die inneren Kantone
der Schweiz, Emmendingen, Lausanne, Zürich, Winterthur waren die Stationen seines Lebens im Jahre 1777, ehe
er Anfang 1778 aus der Schweiz über Emmendingen ins
Elsaß zu Oberlin reiste. – Goethes Verhältnis zu Lenz ist
zwiespältig und äußerst problematisch. Wie Lenz so
scheint auch Goethe das Zerwürfnis nicht verwunden und

*Jakob Michael Reinhold Lenz. Um 1777*

## I. Kommentar, Wort- und Sacherklärungen 51

verkraftet zu haben. Als ein Jahr nach Lenzens Ausweisung dessen »Wahnsinn offen ausbrach und man in Weimar
davon erfuhr, wagte niemand, es Goethe zu sagen« (Hohoff, S. 108). Und noch lange nach Lenzens Tod, nämlich
1816, wagten »Zeitgenossen nicht, für den Druck eines
Teils des Nachlasses« von Lenz Goethes »Vermittlung in
Anspruch zu nehmen« (Stephan/Winter, S. 49). Literarischen Niederschlag hat das prekäre Verhältnis Goethes zu
Lenz in dessen Autobiographie gefunden. Im 11. und
14. Buch von *Dichtung und Wahrheit* (erschienen 1814)
entwirft Goethe ein Lenz-Porträt, das »von unverarbeite-
ten Spannungen« bebt. Dieses Porträt ist, »neben dem der
Schwester, das einzige, zu dem Goethe in seiner Autobiographie später ein weiteres Mal ansetzt, wobei das Bildnis
dann zwar reicher und gerechter, keineswegs aber ›fertiger‹
wird. Der erste Versuch liefert ein Porträt im engeren Sinn,
die Schilderung von Gesicht und Gestalt«, ein Porträt, das
sehr »tendenziös« ist: »Lenz wird unentwegt verkleinert
und effeminiert. Er verringert sich förmlich vor den Augen
des Lesers« (vgl. die Diminutive »Köpfchen« und »Persön-
chen«). »Die Tatsache, daß Goethe im 14. Buch erneut auf
Lenz zu reden kommt, und zwar über Seiten hinweg,
spricht deutlich genug für ein nicht bereinigtes, auch von
Goethe aus nie ganz abgeschlossenes Verhältnis zwischen
den einstigen ›gleichzeitigen Jünglingen‹. [...] Lenz hat
Goethe, wie in einer Phantasmagorie, eine gefürchtete und
in wiederkehrender Angst verabscheute Möglichkeit der
eigenen Existenz vorgespielt. Diese Möglichkeit wird beschrieben in dem Satz: ›... ihm konnte nicht wohl werden,
als wenn er sich grenzenlos im einzelnen verfloß und sich
an einem unendlichen Faden ohne Absicht hinspann‹. So
betrachtet, darf das Lenz-Porträt zuletzt als magischer
Bannspruch Goethes gegen sich selbst gelesen werden.«
(Peter von Matt, *... fertig ist das Angesicht. Zur Literaturgeschichte des menschlichen Gesichts*, München/Wien
1983, S. 77–81.)

**23,31** *o gute Mutter, auch die liebte mich:* Lenz bildet sich

52 _I. Kommentar, Wort- und Sacherklärungen_

hier ein, seine Mutter sei tot, ja, er sei ihr »Mörder«. Anfang 1778, als Lenz bei Oberlin war, lebte seine Mutter noch; sie starb im Juli des Jahres 1778 nach langer Krankheit (vgl. Rudolf, S. 22 und 36).

24,15 *tiefsinnig:* trübsinnig, schwermütig (vgl. DWb. 21, Sp. 493).

24,22 *in sein Zimmer:* Aus dem Kontext geht hervor, daß Lenz nicht mehr – wie zu Anfang seines Aufenthalts in Waldbach – im Schulhaus, sondern im Pfarrhaus bei Oberlin untergebracht ist. Vgl. Oberlins Bericht: »Seit Hrn. K...s Besuch logierte Hr. L. nicht mehr im Schulhaus, sondern bei uns in dem Zimmer über der Kindsstube.« (39,8–10.)

24,26 *Haberpfeife:* Das durch Gutzkows Erstdruck des *Lenz* überlieferte Wort scheint ein Neologismus zu sein, der freilich an die »Haberrohr«, eine Schalmei bzw. Hirtenpfeife anklingt (vgl. DWb.10, Sp. 86) und von Büchner »vielleicht in Erinnerung an die hessische ›Happe‹, die bekannte Kinderpfeife aus Weidenrinde« (Gersch, 1981b, S. 246), geprägt worden ist. In Büchners Hauptquelle, dem Bericht Oberlins, findet sich an der entsprechenden Stelle das Wort »Habergeise« (vgl. 41,18). Damit wird im Elsässischen der Brummkreisel, das bekannte Kinderspielzeug, bezeichnet (vgl. Gersch, 1981b, S. 244). Für die Authentizität des vom Oberlin-Bericht abweichenden Wortlauts »Haberpfeife« spricht der textkritische Grundsatz der lectio difficilior, d. h. der im Zweifelsfalle der einfacheren Variante vorzuziehenden schwierigeren Lesart. Da auszuschließen ist, daß Büchners Braut Minna Jaeglé, die Straßburger Abschreiberin des *Lenz*-Originalmanuskripts, beim Abschreiben die einfache, ihr geläufige, elsässische Lesart »Habergeise« in die schwierigere, neologistische Lesart »Haberpfeife« abgeändert hat, und da sie auch nicht umgekehrt – was schreiberpsychologisch naheliegend gewesen wäre – die schwierige (»Haberpfeife«) in die geläufige Lesart (»Habergeise«) transponierte, ist davon auszugehen, daß die Abschreiberin den schwierigen Wortlaut

*I. Kommentar, Wort- und Sacherklärungen* 53

(»Haberpfeife«) buchstabengetreu aus Büchners Manuskript übernommen hat.

25,3–7 *die meisten beten aus Langeweile ... es ist zu langweilig:* zum Thema der Langeweile in Büchners Werk vgl. *Dantons Tod* II,1, sowie vor allem die Parallelstelle in *Leonce und Lena* I,1: »Was die Leute nicht Alles aus Langeweile treiben! Sie studieren aus Langeweile, sie beten aus Langeweile, sie verlieben, verheiraten und vermehren sich aus Langeweile und sterben endlich ⟨an der⟩ Langeweile« (WuB, S. 93).

25,6 f. *ich mag mich nicht einmal umbringen: es ist zu langweilig:* Lenz wandelt hier einen beliebten Topos aus dem Umkreis der Melancholie- und Langeweile-Thematik ab: den des Selbstmords aus Langeweile. Der Topos findet sich etwa bei Goethe (*Dichtung und Wahrheit*, 13. Buch: »Von einem Engländer wird erzählt, er habe sich aufgehangen, um nicht mehr täglich sich aus- und anzuziehn.«), in Lenzens Komödie *Der neue Menoza* (Schlußszene: Z i e r a u: »Langeweile! Langeweile! [...] Wenn ich nur mein Buch zu Ende hätte [...], ich macht's wie der Engelländer und schöß mich vorn Kopf.«) sowie in Lenzens Brief vom April 1776 an Lindau: »Euch ermorden aus langer Weile wie der Engländer der sich vor den Kopf schoß weil er nichts neues in der Zeitung fand.« (Freye/Stammler, Bd. 1, S. 225.) Zum Topos vom Selbstmord aus Langeweile und Melancholie vgl. auch Büchners Brief vom 2. September 1836 an seinen Bruder Wilhelm, in dem er davon spricht, er könne in der Stimmung melancholischer Langeweile leicht »einer von denjenigen« werden, »die Abends vor dem Bettgehn, wenn sie den einen Strumpf vom Fuß haben, im Stande sind, sich an ihre Stubentür zu hängen, weil es ihnen der Mühe zuviel ist, den andern ebenfalls auszuziehen« (WuB, S. 286).

25,8–11 *O Gott ... niemals wieder Nacht?* »Die Quelle dieser Verse in pietistisch-mystischer Tradition« ist nach Hinderer (1977, S. 169) »noch unbekannt«. Nach Fink (in: Martens, S. 451, Anm. 26) hat Büchner selbst dieses kleine

›Nachtgedicht‹ verfaßt. Ähnliche Gedanken und Formulierungen wie Lenz in diesen Versen verwendet der von Schuldgefühlen geplagte Danton, »am Fenster« stehend, in einer Nachtszene: »Will denn das nie aufhören? Wird das Licht nie ausglühn und der Schall nie modern, will's denn nie still und dunkel werden, daß wir uns die garstigen Sünden einander nicht mehr anhören und ansehen? – September! –« (*Dantons Tod* II,5; WuB, S. 36.)

25,9 *Mittags Zelle:* Im Widerspruch zu allen bisherigen Herausgebern seit Ludwig Büchner betrachtet Gersch »Zelle« nicht als Druckfehler für »Helle«, sondern als eine Metapher, die »in Korrespondenz zu Lenz' Obsession von Beengtheit steht« (Gersch, 1981a, S. 42).

25,14 *jetzt kommt mir doch was ein:* jetzt fällt mir doch was ein, kommt mir doch etwas in den Sinn (vgl. DWb.3, Sp. 217).

25,24 f. *zum Fenster heruntergestürzt:* Nach Oberlins Bericht hat sich Lenz in Waldersbach wiederholt aus dem Fenster gestürzt (vgl. 41,30; 44,2). Der historische Lenz ›realisierte‹ während seines Aufenthalts bei Oberlin offenbar ein Moment seines literarischen Werks: In Lenzens Drama *Der Engländer* (1776 entstanden, 1777 veröffentlicht) versucht die autobiographische Titelfigur (Robert Hot) in selbstmörderischer Absicht, »sich zum Fenster naus« zu »stürzen« (V,1, vgl. auch III,1). Die Literatur antizipiert beim historischen Lenz das Leben. Vgl. auch Anm. zu 29,30 f.

25,28 *Schulmeister in Bellefosse:* Der Schullehrer von Bellefosse hieß Sebastian Scheidecker (vgl. 41,32 f.). Der 1747 geborene Lehrer (vgl. D. E. Stoeber, S. 479 f.) war »nach Oberlin der bestgeschulte Mann« in der Steintaler Gemeinde. »Immer, wenn Oberlin verreisen mußte, setzte er ihn zum Stellvertreter ein, zum ›ersten Bürger‹ der Gemeinde.« (Kurtz, S. 63.)

25,28 *Bellefosse:* eines der fünf zur Waldersbacher Gemeinde gehörenden Dörfer (vgl. Kurtz, S. 35).

25,31 *attachiert:* angeschlossen.

*I. Kommentar, Wort- und Sacherklärungen* 55

26,23 *glücklich:* wohlbehalten, heil, ohne daß ein Unglück eintrat (vgl. DWb.8, Sp. 313).

27,1 *sagte:* erzählte, berichtete (vgl. DWb.14, Sp. 1656 f.).

27,7 ⟨x–x⟩: Im Erstdruck des *Lenz* steht hier: »Siehe die Briefe.« Hierbei handelt es sich zweifellos um »eine arbeitstechnische Notiz des Dichters«, die besagt, daß Büchner an dieser Stelle noch Lenz-Briefe »verarbeiten wollte« (Gersch, 1981a, S. 90), die ihm die Stöbers zur Verfügung gestellt haben. Die lediglich eine Arbeitslücke markierende Notiz Büchners ist kein integraler Bestandteil des Erzähltextes und muß daher bei der Herstellung eines kritischen Textes nicht berücksichtigt werden.

27,10 f. *die Welt ... hatte einen ungeheuern Riß:* vgl. *Dantons Tod* III,1: »Warum leide ich? Das ist der Fels des Atheismus. Das leiseste Zucken des Schmerzes und rege es sich in einem Atom, macht einen Riß in der Schöpfung von oben bis unten.« (WuB, S. 44.) Die »metaphysische Metapher« vom ›Weltriß‹ wurde in der Biedermeier- bzw. Vormärzzeit wenn nicht erfunden, so doch gern benützt (Friedrich Sengle, *Biedermeierzeit,* Bd. 1, Stuttgart 1971, S. 8), u. a. auch von Heinrich Heine im 3. Teil seiner *Reisebilder:* »Wer von seinem Herzen rühmt, es sei ganz geblieben, der gesteht nur, daß er ein prosaisches weitabgelegenes Winkelherz hat. Durch das meinige ging aber der große Weltriß« (»Die Bäder von Lucca«, Kap. IV).

27,15–18 *Wenn er allein war ... mit ihm gesprochen:* vgl. *Leonce und Lena* I,2 (König Peter): »Wenn ich so laut rede, so weiß ich nicht, wer es eigentlich ist, ich oder ein Anderer, das ängstigt mich.« (WuB, S. 95.)

27,18 f. *Im Gespräch stockte er oft:* In Goethes Lenz-Charakteristik (in *Dichtung und Wahrheit*) heißt es: »eine angenehme nicht ganz fließende Sprache« (51,29 f.).

27,27 *zunächst:* am nächsten; »zunächst« schließt sich hier, als Präposition, an einen Dativ (vgl. DWb. 32, Sp. 547).

27,27 *krampfhaft:* wie im Krampf (DWb. 11, Sp. 2014).

27,33 f. *mit allem um ihn im Geist willkürlich umzugehen:* Goethe bezeichnet Lenz in *Dichtung und Wahrheit* als ei-

56 *I. Kommentar, Wort- und Sacherklärungen*

nen »Schelm in der Einbildung«: »seine Liebe wie sein Haß waren imaginär, mit seinen Vorstellungen und Gefühlen verfuhr er willkürlich« (53,17–19).

28,2 *das Ding:* die Sache, die Angelegenheit, die sich Lenz vorgestellt hat, etwa »die Häuser auf die Dächer zu stellen« (27,35 f.).

28,13 *Zufälle:* Krankheitsanfälle.

29,3 *denn:* dann. In der Bedeutung von ›tunc‹ herrschte die temporale Konjunktion »dann« gegenüber dem älteren »denn« im 19. Jahrhundert »entschieden« vor, wenn auch damals zuweilen noch »denn« gebraucht wurde, »das in der neusten Zeit [Mitte des 19. Jahrhunderts] ganz verschwunden ist« (DWb. 2, Sp. 949).

29,16 *ich könnte das Leiden nicht ertragen:* vgl. hierzu Paynes Hauptargument gegen die Existenz eines Gottes: »Man kann das Böse leugnen, aber nicht den Schmerz; nur der Verstand kann Gott beweisen, das Gefühl empört sich dagegen. Merke dir es [...], warum leide ich? Das ist der Fels des Atheismus.« (*Dantons Tod* III,1; WuB, S. 44.)

29,19 *Profanation:* Entweihung, Lästerung.

29,22 f. *für ihn war ja keine Ruhe und Hoffnung im Tod:* vgl. die Parallele in *Dantons Tod* III,7: »Ja wer an Vernichtung glauben könnte! dem wäre geholfen. Da ist keine Hoffnung im Tod« (WuB, S. 55).

29,25 *sich zu sich selbst zu bringen durch physischen Schmerz:* vgl. Lenzens Brief an Lavater vom Ende Mai 1776: »Gieb mir mehr wirkliche Schmerzen damit mich die imaginairen nicht unterkriegen. O Schmerzen Schmerzen Mann Gottes, nicht Trost ist mein Bedürfniß.« (Freye/Stammler, Bd. 1, S. 262.)

29,30 f. *Oft schlug er sich den Kopf an die Wand:* Oberlin berichtet von Lenz (48,16 f.): »einsmals schmiß er seinen Kopf mit großer Gewalt an die Wand«. Der historische Lenz ›lebte‹ offenbar auch hier – wie schon mit seinen selbstmörderischen Fensterstürzen (vgl. Anm. zu 25,24 f.) – ein Element seines literarischen Werks, heißt es doch von der Hauptfigur seines Dramas *Der Engländer* in einer Re-

*I. Kommentar, Wort- und Sacherklärungen* 57

gieanweisung: »rennt mit dem Kopf gegen die Wand, und sinkt auf den Boden« (V,1).

30,4 f. *wurde Oberlin zu einem Kranken ... gerufen:* Für seine Gemeinde war Oberlin »nicht nur Seelsorger, sondern zugleich Arzt. Zwischen diesen beiden Tätigkeiten sah er [...] keinen Unterschied; beides war ihm dasselbe Amt. Und wenn er als Arzt in ein Haus gerufen wurde, dann versammelte er als erstes alle anwesenden Bewohner am Bett des Kranken und sprach ein Gebet für sie« (Kurtz, S. 99). Was die von Oberlin praktizierten chirurgischen, orthopädischen und therapeutischen Behandlungsmethoden angeht, so waren das »vermutlich alle in der Allgemeinmedizin jener Zeit üblichen Verfahren« (Kurtz, S. 100).

30,8 *nicht zu ⟨weit⟩ zu gehen:* In Gutzkows Erstdruck steht: »nicht zurück zu gehen«. Nach der Logik des Erzählzusammenhangs kann dies (das »nicht zurückzugehen«) »unmöglich die Bitte des besorgten Pfarrers gewesen sein; gerade das Gegenteil mußte in seinem Interesse gelegen haben« (Gersch, 1981a, S. 10). Gersch hält daher die Lesart des Erstdrucks für defekt und vermutet, daß ihr ein psychologisches »Schreibversehen Büchners« zugrunde liegt, »das vielleicht nur« durch das zwei Zeilen darüber stehende Wort »Rückweg« (30,6) »ausgelöst wurde« (Gersch, 1981a, S. 10). Die Konjektur und Korrektur Gerschs wird durch den Wortlaut des Oberlin-Berichts (vgl. 43,30: »Ich bat ihn nicht weit zu gehn«) erhärtet.

30,24 f. *wie sie das Tal hervor nach Westen fuhren:* Die Reise des historischen Lenz nach Straßburg hatte wahrscheinlich folgende Route: von Waldersbach durchs Steintal in nordwestlicher Richtung nach Fouday, von dort durchs Breuschtal über Schirmeck, Molsheim und Entzheim bzw. »Ensisheim« (von der südwestlich von Straßburg gelegenen Ortschaft Entzheim ist die im Oberlin-Bericht benutzte Namensvariante »Ensisheim« belegt), wo die Reisegruppe übernachtete (vgl. 49,20 f.), nach Straßburg. – Büchners

58                    *I. Kommentar, Wort- und Sacherklärungen*

Angabe »nach Westen« bezieht sich demnach auf den ersten Reiseabschnitt von Waldersbach nach Fouday.

30,26 *wo:* wird hier als Konjunktion der Zeit anstelle von »als« gebraucht. Die temporale Konjunktion »wo« wird schriftsprachlich selten, mundartlich dagegen häufig verwendet (vgl. DWb. 30, Sp. 919).

30,30–33 *Sie entfernten sich ... spielten:* Nach Herrmann liegt hier ein »regelrechtes Anakoluth« vor: »Der letzte Nebensatz wird durch das reihende ›und‹ auf ›Gebirg‹ bezogen, durch das Relativpronomen ›deren‹ aber auf ›Kristallwelle‹.« (Man erwartet statt des Femininums »deren« das Neutrum »dessen«.) »Syntaktisch wird damit der Nebensatz dem vorangegangenen zugleich neben- und untergeordnet; inhaltlich zieht der doppelte Satzanschluß ›Gebirg‹ und ›Kristallwelle‹ in eins zusammen. Dem Dichter hat sich das Bild ›Kristallwelle‹ vor das Ding ›Gebirg‹ geschoben; das Gebirg ist zur Kristallwelle geworden, das Ding ist im interpretierenden Bild aufgegangen.« (Herrmann, S. 265.)

30,36 *der Berg neben:* »Neben« steht hier als Adverb statt »daneben« (DWb. 13, Sp. 490).

31,1 f. *die Erde war wie ein goldner Pokal, über den schäumend die Goldwellen des Monds liefen:* vgl. *Leonce und Lena* II,4: »Die Erde ist eine Schale von dunkelm Gold, wie schäumt das Licht in ihr und flutet über ihren Rand und hellauf perlen daraus die Sterne.« (WuB, S. 110.)

31,8 *Straßburg:* Der historische Lenz wurde von drei Wächtern und »zwei Fuhrleuten« (49,18) am 8. und 9. Februar 1778 nach Straßburg gebracht, und zwar zu seinem (neben Schlosser und Lavater) wohl besten Freund Johann Gottfried Röderer (1749–1815), der damals »Pädagog« am St. Wilhelmstift in Straßburg war. Bei seinem Straßburger Freund blieb Lenz »einige Wochen« (A. Stöber, 1842, S. 31), bis ihn Röderer Ende Februar 1778 nach Emmendingen zu Johann Georg Schlosser (1739–99) schickte, bei dem sich Lenz schon in den vergangenen Jahren öfter längere Zeit aufgehalten hatte. Schlosser am 2. März 1778 an

*I. Kommentar, Wort- und Sacherklärungen*     59

Oberlin: »Lenz ist bei mir und drückt mich erstaunlich. Ich habe gefunden, daß seine Krankheit eine wahre Hypochondrie ist. [...] er ist wie ein Kind, keines Entschlusses fähig; ungläubig gegen Gott und Menschen. Zweimal hat er mir große Angst eingejagt; sonst ist er zwischen der Zeit ruhig.« (A. Stöber, 1842, S. 31 f.) Schlosser am 28. März an Röderer: »Der arme L e n z ist pitoyable übel. Er wird fürcht ich kindisch und nichts als seine Heimreise kan ihn wieder zurecht bringen, wir leiden viel durch ihn.« (A. Stöber, 1874, S. 69.) In einem Brief vom März 1778 forderte Schlosser Lenzens Vater ebenso höflich wie dringend auf, seinem kranken Sohn endlich zu schreiben und Sorge für ihn zu tragen. Dem Brief Schlossers fügte Lenz folgende Worte des verlorenen Sohnes aus der Bibel bei: »Vater! ich habe gesündigt im Himmel u. vor Dir u. bin fort nicht werth, daß ich Dein Kind heiße.« (Freye/Stammler, Bd. 2, S. 127.) Am 8. April 1778 schrieb Schlosser erneut an Röderer: »L e n z hat ein Recidiv bekommen. Er muß an Ketten liegen und wird täglich und Nachts von 2 Mann bewacht. Da sein Puls dabey ganz natürlich geht, so müssen wir und der Arzt seine Manie für unheilbar halten. Wir sind nun entschlossen ihn in's Frankfurter Tollhaus zu bringen das mehr ein Spital als ein Tollhaus ist. [...] Ich hab in der Zeit als er bey mir war, erstaunlich gelitten. Sein Todt würde mir der größte Trost seyn.« (A. Stöber, 1874, S. 69 f.) Die geplante Einlieferung in das Frankfurter Tollhaus blieb Lenz wohl nur deshalb erspart, weil Schlosser durch Subskriptionen nicht genügend Geld für die Unterbringung auftreiben konnte. Schlosser brachte Lenz im Sommer und Herbst 1778 zunächst bei einem Schuster in Emmendingen, dann bei einem Förster in Wiswyl und schließlich (Anfang 1779?) bei einem Chirurgen (vgl. Waldmann, S. 93) in Hertingen bei Basel unter, von wo ihn der Bruder Karl – finanziell unterstützt durch die Herzogin von Sachsen-Weimar (vgl. Rudolf, S. 35) – im Juni 1779 abholte und zurück in die Heimat nach Livland brachte: noch Ende 1778 hatte Lenz erklärt, er wolle »nicht heim«

60                     *I. Kommentar, Wort- und Sacherklärungen*

(Waldmann, S. 89). Am 23. Juli 1779 trafen Lenz und sein Bruder in Riga ein, wo der Vater seit kurzem das hohe Amt des Generalsuperintendenten von Livland bekleidete. Lenzens Bemühungen um feste Anstellungen zunächst im livländischen Riga und dann in mehreren russischen Städten (St. Petersburg, Kronstadt, Moskau) waren zum Scheitern verurteilt. Im Sommer 1781 zog Lenz nach Moskau, wo er eine Zeitlang als Lehrer an einer Erziehungsanstalt wirkte, gelegentlich auf literarischem Gebiet arbeitete, aus dem Russischen übersetzte, sich mit ökonomischen und pädagogischen Fragen beschäftigte und die meiste Zeit auf die Unterstützung von Freunden und adligen Gönnern angewiesen war. Einer dieser Freunde und Gönner, der russische Schriftsteller und Historiker Nikolaj M. Karamsin (1766–1826), schrieb in einem Brief vom 31. Mai 1789 über Lenz: »Eine tiefe Melancholie, die Folge vielen Unglücks, hatte seinen Geist zerrüttet, aber selbst in diesem Zustande setzte er uns alle in Erstaunen durch seine poetischen Ideen und rührte uns häufig durch seine Gutherzigkeit und Geduld.« (Waldmann, S. 109.) Seit dem Ausbruch (November 1777) seiner im 20. Jahrhundert als Katatonie bzw. Schizophrenie diagnostizierten Krankheit hatte Lenz immer wieder unter katatonischen Schüben und schweren Anfällen zu leiden, die besonders heftig in den Jahren 1778/ 1779 waren, danach etwas abklangen, um in den späten achtziger Jahren wieder zuzunehmen und schließlich in einem Zustand schwerer geistiger Verwirrung und Zerrüttung ihre Endphase zu erreichen. Am Morgen des 24. Mai 1792 wurde Lenz tot auf einer Moskauer Straße aufgefunden. »Er starb von wenigen betrauert, von keinem vermißt.« (Nachruf auf Lenz im Intelligenzblatt der *Allgemeinen Literaturzeitung*, Nr. 99, 1792; zit. nach: Waldmann, S. 110 f.)

31,8–10 *Er schien ganz vernünftig ... Leere in ihm:* Nach Ullman (S. 177 f.) ist dies eine Textstelle, die den *Lenz* »in die unmittelbare Nähe der offen sozialkritisch geprägten Texte Büchners rückt«. Denn wie in seinen Dramen durch

*I. Kommentar, Wort- und Sacherklärungen* 61

die Figuren Marions und Leonces, so kritisiert Büchner
hier – durch den der gesellschaftlichen Verhaltensnorm
nach außen hin angepaßten Lenz – das öde, langweilige,
leere Dasein der ›normalen‹, der »andern Leute«. Vgl. die
Parallelstellen in *Dantons Tod* I,5: »Die andern Leute haben Sonn- und Werktage, sie arbeiten sechs Tage und beten
am siebenten, sie sind jedes Jahr auf ihren Geburtstag einmal gerührt und denken jedes Jahr auf Neujahr einmal
nach. Ich begreife nichts davon.« (WuB, S. 20) und in *Leonce und Lena* I,1: »Was die Leute nicht Alles aus Langeweile treiben!« (WuB, S. 93). »Überall das in der bestehenden Gesellschaft ›Normale‹ als Karikatur, das richtige Leben dagegen als unerreichbar und deshalb, aus Verzweif-
lung, verzerrt, als Pathologisches gestaltet, ob nun in Ma-
rion, Lenz oder Woyzeck.« (Ullman, S. 178.)

31,11 f. *sein Dasein war ihm eine notwendige Last:* vgl. Goe-
thes *Faust* 1570 f.: »Und so ist mir das Dasein eine Last, /
Der Tod erwünscht, das Leben mir verhaßt.« (Faust in der
Szene »Studierzimmer«.)

31,12 *So lebte er hin:* Das Verb *hinleben* ›weiter leben, verle-
ben‹ ist in Grimms *Deutschem Wörterbuch* belegt (DWb.
10, Sp. 1452). »Hin« gibt bei diesem Verb und in ähnlichen
Verbindungen »nur ein weiter, fort an, wobei der begriff
des festen ziels [. . .] sich verwischt hat.« »Hin« tritt in
Verbindungen auf, »die eine flüchtige, der überlegung oder
auch der vollkommenheit mangelnde thätigkeit zeichnen«,
»die mehr den mangel eines scharf hervortretenden zwek-
kes betonen« (DWb. 10, Sp. 1375). Als Beleg führt das
*Deutsche Wörterbuch* eine Stelle aus dem letzten Kapitel
von Goethes *Wahlverwandtschaften* an, wo es nach Otti-
liens Tod von Eduard heißt: »Er lebte nur vor sich hin, er
schien keine Thräne mehr zu haben, keines Schmerzes weiter fähig zu seyn.« (*Werke*, vollständige Ausgabe letzter
Hand, Bd. 17, Stuttgart/Tübingen 1828, S. 411 f.)

# II. Entstehungs- und Editionsgeschichte

## 1. Entstehungsgeschichte

Die Entstehungsgeschichte eines literarischen Werkes beginnt zumeist früher als die gezielte, zweckgerichtete Stoff- und Materialsammlung für das geplante Werk, früher, als sie sich durch direkte entstehungsgeschichtliche Dokumente belegen läßt. So kann man in der Entstehungsgeschichte eines literarischen Textes nicht selten eine frühe latente und eine spätere evidente Phase voneinander unterscheiden.

Was den *Lenz* betrifft, so fällt dessen latente, nicht dokumentierbare Entstehungsgeschichte mit Büchners erstem Aufenthalt in Straßburg zusammen (Herbst 1831 bis Sommer 1833). Nachdem Büchner am 2. November 1831 in Straßburg eingetroffen war und sich dort am 9. November als Student an der medizinischen Fakultät immatrikuliert hatte, lernte er wahrscheinlich am 17. November in der Straßburger Studentenverbindung »Eugenia«, in der er an diesem Tag zum ersten Mal hospitierte, die Brüder August (1808–84) und Adolph Stoeber (1810–92) kennen, in deren Elternhaus »Zum Drescher« die meisten Sitzungen der Eugeniden stattfanden. Die Bekanntschaft mit der Familie Stoeber, vor allem seine Freundschaft mit dem Sohn August, war für die Entstehung der Erzählung *Lenz* von ausschlaggebender Bedeutung, denn die Stoebers lieferten Büchner fast das gesamte für seine Erzählung benötigte Lenz/Oberlin-Material: sie stellten ihm den zu Büchners Lebzeiten ungedruckten Oberlin-Bericht, die Hauptquelle des *Lenz*, zur Verfügung, sie versorgten ihn mit weiteren gedruckten und ungedruckten Lenziana, d. h. mit »allem«, was sie »an Handschriften« (A. Stoeber, 1842, S. 11, Anm.) von und über Lenz besaßen, und sie hatten als Verehrer Oberlins natürlich auch diverse Oberliniana für ihn parat.

Höchstwahrscheinlich wurde Büchners Interesse gleich zu Beginn seiner ersten Straßburger Studienzeit auf den Lenz/

*Georg Büchner. Bleistiftskizze von Alexis Muston*

64  *II. Entstehungs- und Editionsgeschichte*

Oberlin-Stoffkomplex gelenkt, beschäftigten sich doch August Stoeber und sein Vater Daniel Ehrenfried (1779 bis 1835) im Herbst 1831, als Büchner nach Straßburg kam, besonders intensiv mit Lenz und Oberlin: August Stoeber veröffentlichte damals, vom Oktober bis Dezember, im renommierten *Morgenblatt für gebildete Stände* einen recht umfangreichen Aufsatz »Der Dichter Lenz«, in dem er nicht nur eine Reihe von Lenz-Briefen an Salzmann, sondern erstmals auch mehrere kurze Passagen aus Oberlins Bericht über Lenzens Aufenthalt im Steintal abdruckte (vgl. A. Stoeber, 1831, S. 1002). Und Daniel Ehrenfried Stoeber publizierte Ende 1831 (das Vorwort ist auf den 24. Oktober 1831 datiert) in Straßburg seine große, über 600 Seiten umfassende Oberlin-Biographie (*Vie de J. F. Oberlin*); sie enthält über Lenzens Besuch bei Pfarrer Oberlin ein kurzes Kapitel (vgl. D. E. Stoeber, S. 215 f.: »Hospitalité généreuse envers le poëte Lenz«), in dem Stoeber abschließend auf den Oberlin-Bericht über die Lenz-Episode im Steintal hinweist: »Nous avons trouvé parmi les papiers d'Oberlin une relation détaillée à ce sujet.« (Ebd., S. 216.)

Außer den Stoebers haben Büchner wohl noch zwei elsässische Geistliche auf den Steintaler Pfarrer und Philanthropen Oberlin aufmerksam gemacht: der Straßburger Pfarrer Johann Jacob Jaeglé (gest. 1837), der 1826 die Totenrede auf Oberlin hielt, bei dem Büchner während seines ersten Aufenthalts in Straßburg wohnte und mit dessen Tochter Wilhelmine sich Büchner 1834 verlobte; und außerdem der seit 1830 als Pfarrer in St-Dié amtierende Ludwig Friedrich Rauscher (1807–40), den Büchner im Sommer 1833 auf seiner Reise durch die Vogesen aufsuchte, der eine Enkelin Oberlins geheiratet hatte und dessen Bruder 1826 Oberlins Nachfolger im Steintal geworden war (vgl. Hauschild, S. 323 f.).

Bedenkt man, daß Büchner in der ersten Straßburger Studienzeit in einem Kreis von Oberlinianern verkehrte, daß er damals in engem freundschaftlichen Kontakt mit den Stoebers, d. h. den ersten bedeutenden Lenz- und Oberlin-For-

## 1. Entstehungsgeschichte

schern stand, so müßte es schon seltsam zugegangen sein, wenn er sich in seinen frühen Straßburger Jahren *nicht* mit dem Lenz/Oberlin-Stoffkomplex befaßt hätte. Ob Büchner freilich schon während seines ersten Straßburger Aufenthalts daran dachte, etwas – in welcher Form auch immer – über Lenz zu schreiben, muß eine offene Frage bleiben.

Die evidente, dokumentarisch belegbare Entstehungsgeschichte des *Lenz* beginnt erst mit Büchners zweitem Straßburger Aufenthalt im Frühjahr 1835, nachdem er wegen seiner maßgeblichen Beteiligung an der verschwörerischen *Landboten*-Aktion Anfang März 1835 aus Darmstadt ins französische Straßburg geflüchtet war, wo er als politischer Flüchtling 1835/36 sein Studium fortsetzte. Die evidente entstehungsgeschichtliche Phase des *Lenz* läßt sich – ausschließlich – anhand des leider nur lückenhaft überlieferten Briefwechsels mit dem jungdeutschen Schriftsteller Karl Gutzkow (1811–78) dokumentieren, mit dem Büchner anläßlich der Veröffentlichung von *Dantons Tod*, seines poetischen Erstlings, im Februar 1835 in brieflichen Kontakt getreten ist.

Das erste erhaltene Dokument, in dem das *Lenz*-Projekt erwähnt wird, ist Gutzkows Brief an Büchner vom 12. Mai 1835:

»Ihre Novelle Lenz soll jedenfalls, weil Straßburg dazu anregt, den gestrandeten Poeten zum Vorwurf haben? Ich freue mich, wenn Sie schaffen. Einen Verleger geb' ich Ihnen sogleich.« (WuB, S. 303.)

Diesem Brief muß ein verschollener Brief Büchners an Gutzkow vom April oder Anfang Mai 1835 vorausgegangen sein, in dem Büchner seinem literarischen Entdecker – »Ich wiege mich in dem Gedanken, Sie entdeckt zu haben«, schrieb Gutzkow am 7. April 1835 an Büchner (WuB, S. 301) – angedeutet haben muß, daß er sich in Straßburg biographisches Material über den Aufenthalt des Sturm-und-Drang-Dichters Lenz verschafft habe. Und dieser verschollene Brief ist offenbar die Antwort auf Gutzkows Brief vom 7. April 1835 an Büchner, in dem Gutzkow seinen Schützling aufgefordert hat, ihm als Beiträge für sein Literaturblatt am *Phönix* »Kritiken über *neueste* franz. Literatur«, vor allem aber poetische Originaltexte zu schicken:

»Die Übersetzung lassen Sie unterwegs, an Originale machen Sie sich. [...] Schreiben Sie mir, was Sie arbeiten wollen. Ich bringe Alles unter; aber bald« (WuB, S. 301 f.).

Auf dieses großzügige und verlockende Angebot hat dann Büchner in dem bereits erwähnten, verschollenen Brief vom April/Mai 1835 sehr schnell und diplomatisch geantwortet, indem er seinem Schreiben – seinen guten Willen dokumentierend – einige »Äußerungen über neure Lit[eratur]« beilegte (WuB, S. 302) und Gutzkow außerdem – um seinen literarischen Förderer bei guter Laune zu halten – von seinem zu dieser Zeit wohl recht vagen Plan zu einer »Novelle Lenz« berichtete, wie sich dessen schon zitiertem Brief vom 12. Mai 1835 entnehmen läßt.

Die zweite Erwähnung des *Lenz*-Projekts findet sich in Gutzkows Brief vom 23. Juli 1835. Mit Bezug auf die gerade, d. h. Mitte Juli 1835, im Verlag J. D. Sauerländer erschienene Buchausgabe von *Dantons Tod*, Büchners poetischem Erstlingswerk, fordert Gutzkow den frischgebackenen Autor auf:

»Geben Sie bald ein zweites Buch: Ihren *Lenz*, (für den ich schon einen bessern Verleger habe)« (WuB, S. 303).

Bei dem neuen Verleger, einem »bessern« als Sauerländer, dachte Gutzkow wahrscheinlich an C. Löwenthals im Sommer 1835 gegründete, bereits Anfang 1836 wieder geschlossene Verlagsbuchhandlung in Mannheim (vgl. Hauschild, S. 48), die vor allem Schriften des Jungen Deutschland verlegte, darunter Gutzkows berühmt-berüchtigten Roman *Wally, die Zweiflerin*.

Betrachtet man die bisher angeführten entstehungsgeschichtlichen Briefdokumente, so kann man vorläufig festhalten: Der äußere Anstoß für Büchner, sich nach der Fertigstellung von *Dantons Tod* und der Flucht aus dem Großherzogtum

## 1. Entstehungsgeschichte

Hessen-Darmstadt nach Frankreich an weitere »Originale« zu »machen« (WuB, S. 301), ging von Karl Gutzkows Brief vom 7. April 1835 aus. Angeregt durch diesen Brief, erinnerte sich Büchner zu Beginn seines zweiten Aufenthalts in Straßburg an das von den Stoebers verwahrte, für ihn leicht erreichbare Lenz/Oberlin-Material, auf das er bereits in seiner ersten Straßburger Zeit aufmerksam geworden war, und stellte Gutzkow einen mit Straßburg in Zusammenhang stehenden Originalbeitrag über Lenz, wahrscheinlich sogar eine Erzählung oder »Novelle Lenz« in Aussicht, denn wie sonst sollte Gutzkow in seinem Brief vom 12. Mai 1835 darauf gekommen sein, von einer »Novelle« Lenz zu sprechen, wenn nicht Büchner in seinem verschollenen Brief diesen oder einen ähnlichen Gattungsterminus benutzt hätte?

Gutzkows wiederholte und dringliche Aufforderung an Büchner, »bald ein zweites Buch« (WuB, S. 303), einen zweiten literarischen Text vorzulegen, wobei er vor allem an den *Lenz* dachte, erklärt sich aus seiner literaturpolitischen und buchmarktstrategischen Intention: er wollte Büchner – auf den er große Stücke hielt, den er stolz war »entdeckt zu haben« (WuB, S. 301) – nach der Veröffentlichung von *Dantons Tod* mit einem zweiten Buch die Aufmerksamkeit des vormärzlichen Literaturbetriebs sichern, er wollte ihn mit einem möglichst schnell nachgeschobenen zweiten Werk im Literaturgespräch der Journale und literarischen Zeitschriften halten: eine wohlerwogene, erfolgversprechende Absicht, die – hätte sie sich verwirklichen lassen – der Rezeptions- und Wirkungsgeschichte des gesamten literarischen Werkes von Büchner sicher sehr zugute gekommen wäre.

Die dritte Erwähnung des *Lenz*-Projekts – sie erfolgt in Gutzkows Brief vom 28. September 1835 – steht im Zusammenhang mit der von Gutzkow (und Ludolf Wienbarg) geplanten Herausgabe einer neuen literarischen Zeitschrift, der sogenannten *Deutschen Revue*, deren erstes Heft am 1. Dezember 1835 publiziert werden sollte, deren Erscheinen jedoch durch das generelle Verbot vom 14. November 1835 verhindert wurde, mit dem die preußische Regierung gegen

## II. Entstehungs- und Editionsgeschichte

den Mannheimer Verlag Carl Löwenthal und die Schriften der Jungdeutschen Gutzkow, Wienbarg, Laube und Mundt vorging. In der euphorischen Planungsphase der neuen jungdeutschen Zeitschrift hat Gutzkow am 28. August 1835 bei Büchner angefragt, ob er »monatlich wenigstens 1 Artikel«, ganz gleich ob »spekulativ«, »poetisch« oder »kritisch«, von ihm für die *Deutsche Revue* »erwarten« dürfe (WuB, S. 304). Nachdem Büchner wegen starker Arbeitsbelastung im Studium »die Verpflichtung zu regelmäßigen Beiträgen« (WuB, S. 276) abgelehnt hatte, versuchte Gutzkow in seinem Brief vom 28. September 1835, von Büchner wenigstens »Lenziana, subjektiv & objektiv« für seine Zeitschrift zu bekommen:

»geben Sie uns, wenn weiter nichts im Anfang, *Erinnerungen an Lenz*: da scheinen Sie Tatsachen zu haben, die leicht aufgezeichnet sind.« (WuB, S. 305.)

Mit diesem Minimal-Vorschlag Gutzkows scheint Büchner, weil er seiner Arbeitssituation und seinen literarischen Interessen entgegenkam, durchaus einverstanden gewesen zu sein, heißt es doch in seinem Brief vom Oktober 1835 an die Familie in der einzigen erhaltenen Äußerung Büchners zum *Lenz*:

»Ich habe mir hier allerhand interessante Notizen über einen Freund Goethes, einen unglücklichen Poeten Namens *Lenz* verschafft, der sich gleichzeitig mit Goethe hier aufhielt und halb verrückt wurde. Ich denke darüber einen Aufsatz in der deutschen Revue erscheinen zu lassen.« (WuB, S. 276.)

In der Forschung hat man diese Briefpassage und vor allem Büchners erklärte Absicht, er wolle demnächst einen »Aufsatz« über Lenz erscheinen lassen, zum Anlaß für die Erörterung von Datierungsfragen genommen. Maurice B. Benn etwa geht davon aus, daß der *Lenz* in der Form, wie er uns überliefert ist, d. h. als Novelle bzw. Erzählung, offensichtlich später als Oktober 1835, genauer: später als Büchners Oktober-Brief des Jahres 1835, niedergeschrieben worden sein muß, »since at that time Büchner was still proposing to deal with the subject in the form of an essay« (Benn, S. 188),

## 1. Entstehungsgeschichte

d. h. eines Aufsatzes. Bei seiner Argumentation legt Benn, wie auch andere Büchner-Forscher, stillschweigend die heute deutlich vorherrschende Bedeutung des Begriffs »Aufsatz« zugrunde, denn er versteht darunter einen »essay« (das englische Wort für »Aufsatz«), eine Abhandlung, im Falle des Büchner-Briefes offenbar einen biographischen oder literaturhistorischen Essay, d. h. ein Stück Sekundärliteratur über den Dichter Lenz. In der Büchner-Zeit, wie überhaupt in der ersten Hälfte des 19. Jahrhunderts, hatte der Begriff »Aufsatz« in dem hier vorliegenden Kontext aber eine andere, ›wörtlichere‹, allgemeinere und unbestimmtere Bedeutung, nämlich: etwas ›schriftlich Aufgesetztes‹. Adelung definiert den Begriff in seiner »figürlichen« Bedeutung wie folgt: »was aufgeschrieben ist, doch nur in der Bedeutung eines schriftlichen Vortrages zusammen hängender Sätze, welche die Vorstellung einer gewissen Wahrheit enthalten. [...] Aufsatz ist in dieser Bedeutung ein allgemeiner Ausdruck, welcher die nähere Art unbestimmt lässet. Zuweilen gebraucht man diesen Ausdruck auch in noch engerer Bedeutung, für den ersten Aufsatz, den Entwurf einer Schrift.«[1] Und das *Deutsche Wörterbuch* der Brüder Grimm gibt für »Aufsatz« folgende lapidare Definition: »was niedergeschrieben, zu papier gebracht, abgefaszt wird [...], abhandlungen geringes umfangs« (DWb. 1, Sp. 718). Wenn auch hier, im 1854 erschienenen ersten Band des *Deutschen Wörterbuchs*, (erstmals?) die Nebenbedeutung ›Abhandlung‹ auftaucht, so dürfte doch um 1835 der Begriff »Aufsatz« weiterhin die Hauptbedeutung von etwas ›schriftlich Aufgesetztem‹ gehabt haben, wobei die »nähere Art« und die besondere Form des Aufgesetzten unbestimmt bleiben.

Büchner wird in seinem Oktober-Brief das Wort »Aufsatz« in diesem vagen, unbestimmten Sinne gebraucht haben, in einem Sinne, der die Form einer Novelle bzw. Erzählung keineswegs auszuschließen scheint. Daß man den Begriff

---

1 Johann Christoph Adelung, *Grammatisch-kritisches Wörterbuch der Hoch-deutschen Mundart*, Bd. 1, 2., verm. und verb. Ausg., Leipzig 1793, Nachdr.: Hildesheim / New York 1970, Sp. 523.

70                                    *II. Entstehungs- und Editionsgeschichte*

»Novelle« im ersten Drittel des 19. Jahrhunderts unter den allgemeinen Oberbegriff »Aufsatz« subsumierte, belegt ein Brief Joseph von Eichendorffs an Friedrich de la Motte-Fouqué vom 15. März 1817, in dem es mit Bezug auf Eichendorffs Novelle *Das Marmorbild* heißt: »Ich war soeben im Begriff, Ihnen eine Novelle zuzusenden, die ich für das Frauentaschenbuch geschrieben habe. Da aber, wie Sie sagen, dies Jahr der Raum für größere Aufsätze schon sehr beengt ist, so behalte ich es mir vor, sie Ihnen später einmal zu schicken.«[2]

Im übrigen scheint Büchner den allgemeinen Ausdruck »Aufsatz« ganz bewußt im Hinblick auf die Empfänger seines Briefes, die besorgten Eltern, gewählt zu haben, denen gegenüber er vor kurzem – im Brief vom 28. Juli 1835 – sein provokantes Revolutionsdrama *Dantons Tod* umständlich hatte rechtfertigen müssen. Um sich bei seinem zweiten poetischen Werk Erklärungen und Rechtfertigungen dieser Art von vornherein zu ersparen, benutzte er die unverfängliche, harmlos klingende Bezeichnung »Aufsatz«, die nach damaligem Sprachgebrauch auf etwas Vorläufiges, Nebensächliches, schnell und leicht »Aufgesetztes« hindeutete, das den Sohn, das Sorgenkind der Familie, kaum vom ernsthaften Studium und einer – von den Eltern erhofften – wissenschaftlichen Karriere abhalten konnte. Und selbst für den Fall, daß der Begriff schon um 1835 die Nebenbedeutung ›Abhandlung‹ hatte, so wäre dies Büchner sicher sehr zupaß gekommen, hätte doch »Aufsatz« in diesem Verstand bei den auf Reputation bedachten Eltern bestimmt Assoziationen an Seriosität und Wissenschaftlichkeit geweckt.

Hätte Büchner in seinem Brief an die Eltern – wie wahrscheinlich schon in dem verschollenen Schreiben an Gutzkow vom Ende April / Anfang Mai 1835 – den Begriff »Novelle« oder »Erzählung« für sein *Lenz*-Projekt benutzt, so wären die Eltern über einen solchen Plan wohl eher beunruhigt als

---

2 Joseph von Eichendorff, *Sämtliche Werke*, hist.-krit. Ausg., hrsg. von Wilhelm Kosch und August Sauer, Bd. 12, Regensburg [1910], S. 19.

## 1. Entstehungsgeschichte

erfreut gewesen, da man in der literarischen Öffentlichkeit zur Hoch-Zeit des Jungen Deutschland (1835!) durchaus davon wußte, daß die engagierten Literaten gerade mit Hilfe von Novellen den literarisch-politischen »Schmuggelhandel der Freiheit« trieben: »Wein verhüllt in Novellenstroh, nichts in seinem natürlichen Gewande« (WuB, S. 300), wie sich Gutzkow in seinem Brief vom 17. März 1835 an Büchner ausdrückte.

Am Schluß dieses begriffs- und bedeutungsgeschichtlichen Exkurses muß die Konsequenz für die Frage des Beginns der Arbeit an der Erzählung *Lenz* gezogen werden: Der von Büchner verwendete Begriff »Aufsatz« ist nicht dazu geeignet, die Frage des terminus post quem, d. h. *des* Zeitpunkts eindeutig zu klären, nach dem der *Lenz* als Erzählung konzipiert und – wenigstens teilweise – schriftlich fixiert worden ist. Da der Begriff in seiner figürlichen Bedeutung in der Büchner-Zeit hauptsächlich etwas »schriftlich Aufgesetztes« bezeichnet, ohne die besondere Art und Form des Abgefaßten näher zu bestimmen, so daß mit »Aufsatz« in diesem allgemeinen und unbestimmten Sinne durchaus auch eine zu Papier gebrachte Erzählung oder Novelle gemeint sein kann, ist nicht auszuschließen, ja, ist sogar davon auszugehen, daß Büchner mit der schriftlichen Fixierung seiner *Lenz*-Erzählung bereits vor dem Oktober 1835, als er den Brief an die Eltern schrieb, begonnen hat.

Zurück zur Kommentierung der verbleibenden entstehungsgeschichtlichen Dokumente zum *Lenz*. Was den Publikationsplan Büchners vom Oktober 1835 betrifft, den *Lenz* Ende des Jahres 1835 oder Anfang 1836 in der *Deutschen Revue* zu veröffentlichen, so konnte dieses Vorhaben nicht realisiert werden, da die Zeitschrift als Produkt des Verlags C. Löwenthal – wie bereits erwähnt – vor der Auslieferung des ersten Heftes verboten wurde. Daß Büchner in den letzten Monaten des Jahres 1835 tatsächlich einige Beiträge für die *Deutsche Revue* verfaßt hat, geht aus seinem Brief an die Familie vom 1. Januar 1836 hervor:

72          *II. Entstehungs- und Editionsgeschichte*

»Das Verbot der *deutschen Revue* schadet mir nichts. Einige Artikel, die für sie bereit lagen, kann ich an den Phönix schikken.« (WuB, S. 278.)

Ob unter den erwähnten, für die *Deutsche Revue* geschriebenen »Artikeln« auch die Erzählung *Lenz* war, ist zwar denkbar und sogar überaus wahrscheinlich (vgl. Benn, S. 188), aber nicht beweisbar. Übrigens könnte Büchner – um ein weiteres, möglicherweise auf den *Lenz* gemünztes Dokument anzuführen – schon bei seiner Bemerkung im Brief vom 20. September 1835, daß »Ende des Jahres« in der *Deutschen Revue* »noch etwas« von ihm erscheinen werde (WuB, S. 276), vor allem das *Lenz*-Projekt im Sinn gehabt haben. Wie das erste, so stammt auch das letzte der erhalten gebliebenen Dokumente zur Entstehungsgeschichte des *Lenz* von Karl Gutzkow, der am 6. Februar 1836 an Büchner schrieb:

»Ich höre gern von Ihren Beschäftigungen. Eine Novelle Lenz war einmal beabsichtigt. Schrieben Sie mir nicht, daß Lenz Göthes Stelle bei Friederiken vertrat. Was Göthe von ihm in Straßburg erzählt, die Art, wie er eine ihm in Kommission gegebene Geliebte zu schützen suchte, ist an sich schon ein sehr geeigneter Stoff.« (WuB, S. 310.)

Auffällig an dieser Äußerung, daß Gutzkow hier wiederum – wie bereits in seinem Brief vom 12. Mai 1835 – von einer »Novelle Lenz« spricht, so, als zitiere er »wörtlich aus einem Brief Büchners dessen gattungspoetologische Bezeichnung des *Lenz*-Projekts, wie ja Gutzkow auch den Satz, »daß Lenz Göthes Stelle bei Friederiken« vertreten habe, »zwar aus der Erinnerung, aber doch eindeutig aus einem der verschollenen Briefe Büchners zitiert« (Hauschild, S. 47, Anm. 77). Nach den beiden Briefen Gutzkows vom 12. Mai 1835 und 6. Februar 1836 zu urteilen, spricht vieles dafür, daß Büchner den *Lenz* von Anfang an, d. h. seit Beginn der evidenten Entstehungsgeschichte, als Novelle bzw. Erzählung geplant, daß es bei Büchner – anders als in der Sekundärliteratur immer wieder zu lesen – kein Schwanken in der Frage der Form seines *Lenz*-Projekts gegeben hat. Nach Gutzkows

## 1. Entstehungsgeschichte

Brief vom 6. Februar 1836 wird dann zu Lebzeiten Büchners
der *Lenz* bzw. das *Lenz*-Projekt in keinem der erhaltenen
Briefe mehr erwähnt, weder in einem Brief Büchners noch
seines literarischen Förderers Gutzkow.

Aufgrund der erhaltenen bzw. bisher bekannt gewordenen
Briefdokumente zur Entstehungsgeschichte ist es unmöglich,
den genauen Zeitraum zu bestimmen, innerhalb dessen der
*Lenz* in der Textgestalt, wie ihn Gutzkow 1839 erstmals veröffentlichte, niedergeschrieben worden ist. Was sich mit
Hilfe der zitierten und kommentierten Entstehungsdokumente ermitteln läßt, ist lediglich der ungefähre Zeitraum, in
dem das Erzählfragment entstanden sein wird.

Als frühester terminus post quem, d. h. als frühester Zeitpunkt des Beginns der schriftstellerischen Arbeit am *Lenz*, ist
das Frühjahr 1835 anzusehen, als Büchner Ende April /
Anfang Mai Gutzkow von seinem Projekt zu einer »Novelle
Lenz« unterrichtete. Als späterer terminus post quem ist der
Sommer, als spätester der Herbst 1835 anzusetzen, als Büchner im September und Oktober seinen Eltern mitteilte, es
werde »Ende des Jahres noch etwas« von ihm in der *Deutschen Revue* erscheinen, er werde in dieser ab Dezember
erscheinenden Zeitschrift etwas »schriftlich Aufgesetztes«
über Lenz publizieren.

Als terminus ante quem, d. h. als Zeitpunkt, vor dem der
*Lenz* als Erzählung in fragmentarischer Form abgefaßt worden ist, kommt der 1. Januar 1836 in Frage, vorausgesetzt
freilich, daß sich unter den von Büchner an diesem Tag
erwähnten, für die *Deutsche Revue* gedachten »Artikeln« das
Erzählfragment befand. Sollte Büchner den *Lenz* Ende 1835
in fragmentarischer Gestalt liegengelassen haben, so ließe sich
der Abbruch seiner Arbeit an der Erzählung durchaus in
Zusammenhang mit dem im November/Dezember 1835
erfolgten Verbot der *Deutschen Revue* und des Jungen
Deutschland bringen: der Möglichkeit, seine Erzählung in
Gutzkows jungdeutscher Zeitschrift zu veröffentlichen,
unversehens und unerwartet beraubt, könnte Büchner nach
dem Verbot die Lust und das Interesse daran verloren haben,

74          *II. Entstehungs- und Editionsgeschichte*

sein damals »in einem fortgeschrittenen Entwurfstadium«
(Gersch, 1983, S. 16) vorliegendes Erzählfragment für den
Druck zu überarbeiten, diverse Textlücken auszufüllen, die
letzte Feile an eine Reihe stilistischer und darstellerischer
Unfertigkeiten zu legen, kurz: aus dem Erzählfragment eine
abgeschlossene, druckreife Erzählung zu machen. Gegen dieses mögliche Motiv, seine Arbeit am *Lenz* abzubrechen oder
zu unterbrechen, scheint Büchners Hinweis in seinem Brief
vom 1. Januar 1836 zu sprechen, das Verbot der *Deutschen
Revue* schade ihm nichts, denn er könne die ursprünglich für
diese Zeitschrift verfaßten »Artikel« (und damit wohl auch
den *Lenz*) nun an den *Phönix*, die bei seinem *Danton*-Verle-
ger Sauerländer erscheinende *Frühlings-Zeitung für Deutschland*, schicken. Doch an diese Publikationsmöglichkeit, mit
der er sich den Eltern gegenüber wohl als gefragten und über
gute literarische Beziehungen verfügenden Autor herausstel-
len wollte, wird Büchner selbst nicht recht geglaubt haben,
hatte doch Gutzkow das von ihm seit Anfang 1835 redigierte
Literaturblatt zum *Phönix* im August 1835 »preisgegeben«
(WuB, S. 304; Brief Gutzkows an Büchner vom 28. August
1835) und mit der Ankündigung der *Deutschen Revue* (Ende
August / Anfang September 1835) überhaupt seine Stellung an
der Zeitschrift *Phönix* aufgekündigt, so daß Büchner Ende
1835 keinen literarischen Fürsprecher mehr beim *Phönix*
hatte, eine Publikation seines *Lenz* in dem – nach Gutzkows
Ausscheiden sich bald auf die Seite der Gegner des Jungen
Deutschland schlagenden – *Phönix* also äußerst unwahr-
scheinlich gewesen wäre.
Interessant ist in diesem Zusammenhang übrigens die Tatsache, daß Gutzkow in seiner letzten Erwähnung der »Novelle
Lenz« (Brief vom 6. Februar 1836) entgegen seinen bisherigen Gepflogenheiten keinerlei Hinweis auf eine Publikationsmöglichkeit für Büchners Erzählung gibt: offensichtlich
sah er damals – kurz nach dem Verbot der Schriften des Jungen Deutschland und in Mannheim gerade eine vierwöchige
Gefängnisstrafe wegen »verächtlicher Darstellung des Glau-
bens der christlichen Religionsgemeinschaften« verbüßend –

## 1. Entstehungsgeschichte

keine derartige Möglichkeit, was für Büchner kein besonderer Ansporn war, intensiv an der Fertigstellung seiner Erzählung zu arbeiten.

Falls Büchner im Laufe des Jahres 1836 trotz mangelnder Publikationsaussichten noch hin und wieder am *Lenz* gearbeitet hat, müßte man den terminus ante quem auf Ende Januar 1837 verlegen, d. h. auf den Beginn der schweren Typhus-Erkrankung, an der Büchner am 19. Februar 1837 starb. Bei einem solch späten terminus ante quem müßte man für den *Lenz* eine recht lange Entstehungszeit von ungefähr eineinhalb Jahren (Sommer 1835 bis Anfang 1837) veranschlagen, wobei Unterbrechungen und lange Arbeitspausen nicht abgerechnet sind. Zieht man jedoch in Betracht, daß der *Lenz*, wie ihn Büchner hinterlassen hat, ein ziemlich kurzer Text geblieben und kaum über einen fortgeschrittenen Entwurfzustand hinausgekommen ist, so muß man wohl von einer beträchtlich kürzeren Entstehungszeit ausgehen. Innere wie äußere Gründe und nicht zuletzt die kommentierten Entstehungsdokumente sprechen dafür, daß Büchners Erzählfragment mit großer Wahrscheinlichkeit in der Zeit zwischen dem Sommer 1835 und dem Winter 1835/36 entstanden ist.

Abschließend muß noch auf ein bereits angeschnittenes Problem der Entstehungsgeschichte eingegangen werden, das darin besteht, daß Büchner die Arbeit am *Lenz* zu einem bestimmten Zeitpunkt eingestellt und die Erzählung unvollendet gelassen hat, steht doch außer Frage, daß der Text so, wie er im Erstdruck überliefert ist, »nicht für den Druck bestimmt, sondern für eine Überarbeitung vorgesehen war« (Gersch, 1981a, S. 108). Mit dem Zeitpunkt des Abbruchs der Arbeit am *Lenz* wäre die Frage jenes entstehungsgeschichtlichen Ecktermins geklärt, der das definitive Ende der Arbeit am *Lenz*-Projekt markiert.

Im Zusammenhang mit der Erörterung des terminus ante quem wurde schon darauf hingewiesen, daß Büchner die Arbeit am *Lenz*-Projekt möglicherweise wegen des Verbots der *Deutschen Revue*, in der der *Lenz* erscheinen sollte, abgebrochen hat. Sollte dies für ihn das entscheidende Abbruch-

Motiv gewesen sein, so hätte Büchner das Arbeiten an seiner Erzählung nach dem Verbot der *Deutschen Revue* und ihres Verlags C. Löwenthal, d. h. nach dem 14. November 1835 eingestellt, genauer: zu jener Zeit, als ihm das Verbot in Straßburg bekannt wurde, und das war mit Sicherheit spätestens im Dezember 1835, wie sein Brief vom 1. Januar 1836 belegt, in dem er das »Verbot der *deutschen Revue*« erwähnt.

Ein anderes, durchaus bedenkenswertes Motiv für den Abbruch des *Lenz*-Projekts hat Fellmann zur Diskussion gestellt. Er geht davon aus, daß bei einer Veröffentlichung des *Lenz* »ähnliche Schwierigkeiten« wie bei der von *Dantons Tod* zu erwarten gewesen wären, und fährt – an Büchners Straßburger Verkehr in einem Kreis von Oberlinianern erinnernd – wie folgt fort: »Denn der Leser kann den Eindruck gewinnen, daß sich der junge Dichter mit der inneren Situation des ›wahnsinnigen‹ Lenz weitgehend identifiziert, auch mit dessen ›Atheismus‹; außerdem wird das Versagen Oberlins von Büchner deutlich ausgestaltet, und Oberlin wurde in den Straßburger Kreisen hoch verehrt, in denen Büchner verkehrte, Freunde und seine Braut gefunden hatte und Gastfreundschaft genoß. Büchner konnte sich aber die Brüskierung seiner Freunde und Eltern nicht leisten.« (Fellmann, S. 10.) Fellmann geht also noch einen Schritt weiter, da er nicht nur den Abbruch des *Lenz*-Projekts motiviert, sondern darüber hinaus unterstellt, daß Büchner aus Rücksichtnahme gegenüber den Straßburger Oberlinianern und den sicher nicht ›atheistischen‹ Eltern eine Veröffentlichung des *Lenz* nicht riskieren konnte oder wollte und daher, als ihm dies klar wurde, auch nicht an einer Fertigstellung der Erzählung interessiert war. Für den möglichen Zeitpunkt des Abbruchs gibt Fellmanns Hypothese freilich kaum Anhaltspunkte, da Büchner derartige Rücksichten im Hinblick auf die Eltern sein ganzes Leben und im Hinblick auf die Straßburger Freunde und Oberlin-Anhänger zumindest so lange üben mußte, wie er sich in Straßburg aufhielt (bis Oktober 1836).

## 2. Editionsgeschichte

Daß man übrigens die religionskritischen, ›atheistischen‹, Oberlin distanziert-kritisch darstellenden Passagen auch ganz anders interpretieren kann, nämlich als raffiniert verschlüsselten, durchaus für die Veröffentlichung gedachten ›Geheimcode‹, mit dem Büchner unter den Zensurbedingungen der Vormärzzeit den kritischen Leser erreichen, mit dem er der Zensur ein Schnippchen schlagen wollte, dies hat Friedrich Sengle im umfangreichen Büchner-Kapitel seines Werks über die ›Biedermeierzeit‹ demonstriert, in dem er den *Lenz* »als polizeigerechtes Gegenstück« zu Gutzkows, wegen »des Angriffes auf die Religion« (WuB, S. 306) verbotenem, Roman *Wally, die Zweiflerin* deutet: » *Von der Zensur her gesehen [...] benützt der Dichter die Rolle des wahnsinnigen Lenz, um dem Zweifel an Gott so kräftig Ausdruck zu verleihen, wie dies auf dem direkten Weg damals kein Schriftsteller durfte, ohne ins Gefängnis zu kommen* « (Sengle, S. 321 f.).

## 2. Editionsgeschichte

Von Büchners Tod 1837 bis zum Erstdruck vom Januar 1839

Die Editionsgeschichte des *Lenz* – bis vor einiger Zeit eine Geschichte »von verschollenen Manuskripten und Abschriften, von divergierenden Fassungen und Verwertungen, von Nachdrucken und Bearbeitungen und von nichtauthentischen Ausgaben« (Gersch, 1983, S. 15) – beginnt kurz nach Büchners Tod (19. Februar 1837). Am 28. Februar 1837 veröffentlichte der aus Darmstadt stammende liberal-demokratische Publizist, Revolutionär, Wissenschaftler und Politiker Wilhelm Schulz (1797-1860), mit dem Büchner seit dem zweiten Straßburger Aufenthalt freundschaftlich verbunden war und mit dem er seit Anfang November 1836 bis zu seinem Tod im selben Haus in der Zürcher Spiegelgasse 12 Zimmer an Zimmer wohnte, im *Schweizerischen Republikaner* (Zürich, Nr. 17, S. 71 f.) seinen »Nekrolog« auf Büchner, in dem der Öffentlichkeit erstmals mitgeteilt wurde, daß sich unter Büchners »hinterlassenen Schriften« auch »das Fragment einer Novelle« befinde, »welche die letzten Lebenstage des so bedeutenden als unglücklichen Dichters *Lenz* zum Gegenstande« habe und die zusammen mit anderen Nachlaßschriften »demnächst im Druck erscheinen« werde (zit. nach: Grab, S. 140). »Möglich, daß Schulz damals die Herausgabe selbst übernehmen wollte; Kontakte zwischen Minna Jaeglé«, Büchners Braut, »und Gutzkow sind ja erst für August 1837 belegt. Da Minna sich zu dieser Zeit in Zürich aufhielt« – sie war Mitte Februar 1837 von Straßburg ans Sterbelager ihres Verlobten geeilt und ist Ende Februar in die elsässische Hauptstadt zurückgekehrt – »und beim Ehepaar Schulz wohnte (zu dem sie [...] ein ausgesprochen freundschaftliches Verhältnis behielt), kann man wohl davon ausgehen, daß dieser Plan gemeinsam gefaßt worden ist.« (Hauschild, S. 57.) Wann und warum diese mögliche Editionsvorhaben aufgegeben wurde, ist bisher nicht bekannt.

Die beiden Hauptakteure in der weiteren Editionsgeschichte des *Lenz* bis zum Erstdruck sind Büchners Braut Minna Jaeglé, die wohl den größten Anteil daran hat, daß die Erzählung der Nachwelt überhaupt erhalten geblieben ist, und Büchners Entdecker, Förderer und Herausgeber Karl Gutzkow, der ja schon in der Entstehungsgeschichte des Erzählfragments eine wichtige Rolle spielte.

Minna Jaeglé hat nach Büchners Tod aller Wahrscheinlichkeit nach alles handschriftliche Material, das sich im Nachlaß ihres Verlobten vorfand, an sich genommen (vgl. Hauschild, S. 61) und Ende Februar 1837 als Vermächtnis Büchners nach Straßburg mitgebracht. Unter diesem Material befand sich mit Sicherheit das Erzählfragment *Lenz* und außerdem wohl eine »Sammlung« von »Notizen« zum *Lenz*-Projekt, die offenbar zu den Vorarbeiten der späteren »Ausarbeitung« der Erzählung gehörten. Daß in Büchners Nachlaß, wie hier angedeutet, möglicherweise zweierlei handschriftliche *Lenz*-Materialien existierten, läßt sich dem großen Büchner-Essay von Wilhelm Schulz aus dem Jahre 1851 entnehmen, in dem Schulz eine »Sammlung der Notizen zu seinem [Büchners]

## 2. Editionsgeschichte

Novellenfragmente und dessen Ausarbeitung« erwähnt (zit.
nach: Grab, S. 67). Dieser Hinweis beruht wahrscheinlich auf
Autopsie, denn als Hausgenosse, Zimmernachbar und guter
Freund Büchners in dessen Zürcher Zeit war es für Schulz ein
leichtes, Einblick in das handschriftliche Material entweder
noch zu Lebzeiten Büchners zu erhalten oder nach dessen
Tod in Anwesenheit Minna Jaeglés zu nehmen.
Aus einem Brief Minna Jaeglés an August Stoeber vom
7. März 1837 wissen wir weiterhin, daß sie in der Zeit zwischen dem 18. Oktober 1836 (Reise Büchners in die Schweiz)
und Anfang März 1837 »werthvolle Bücher und Manu-
skripte« (Lehmann/Mayer, S. 186) bei sich in Straßburg auf-
bewahrt hat, die sich Büchner bei August Stoeber entliehen
und bei der Abreise in die Schweiz bei seiner Verlobten in
Straßburg zurückgelassen hatte. Bei den entliehenen »Bü-
chern und Manuskripten«, die Minna am 7. März 1837 nach
Oberbronn an den Entleiher zurückschickte, handelte es sich
wahrscheinlich um die wichtigsten gedruckten und ungedruckten Quellen zum *Lenz*, und darunter waren höchstwahrscheinlich die Oberlin-Biographie von Daniel Ehrenfried Stoeber und eine Abschrift des Oberlin-Berichts über
Lenzens Aufenthalt im Steintal, die Hauptquelle des *Lenz*-
Fragments.
Wenn Büchner diese Quellen nicht in die Schweiz mitgenom-
men hat, so ist dies ein starkes Indiz dafür, daß er zumindest
zunächst nicht beabsichtigte, in Zürich am *Lenz* weiterzuar-
beiten, denn ohne den Oberlin-Bericht wäre es ihm kaum
möglich gewesen, die Lücken im Text seines Erzählfragments
auszufüllen. Daraus darf man jedoch nicht schließen, daß
Büchner in Zürich seine Veröffentlichungspläne hinsichtlich
des *Lenz* für alle Zeit aufgegeben hätte, befand sich doch in
seinem Zürcher Reisegepäck – wie die Nachlaßsituation kurz
nach seinem Tod zeigt – das ziemlich weit gediehene, ausge-
arbeitete *Lenz*-Fragment samt einer dazugehörigen »Sammlung« von handschriftlichen »Notizen«. Dies in Ergänzung
zu dem bereits am Ende des Abschnitts über die Entstehungsgeschichte angesprochenen Problem, ob Büchner nach dem

## II. Entstehungs- und Editionsgeschichte

Verbot der *Deutschen Revue* überhaupt noch an eine Veröffentlichung des *Lenz* dachte. Zu diesem Problem läßt sich abschließend sagen: Büchner hat den Plan einer Veröffentlichung des *Lenz* Ende 1835 oder 1836 keineswegs ein für allemal begraben, sondern er hat ihn – wahrscheinlich aus Gründen der Arbeitsüberlastung sowie aus Mangel an Publikationsmöglichkeiten – lediglich fürs erste, für die nahe Zukunft, aufgegeben.

Mit Karl Gutzkow tritt dann im Sommer 1837 – im Juni ist im *Frankfurter Telegraph* (N. F., Jg. 3, Nr. 42–44, S. 329–332, 337–340, 345–348) sein Nachruf auf Büchner erschienen – der eigentliche Hauptakteur in der frühen Editionsgeschichte des *Lenz* auf den Plan. In Gutzkows Nachruf findet sich zwar die seltsame, irrtümliche Behauptung, Büchner habe sich mit einem Lustspiele« [!] getragen, »wo L e n z im Hintergrund stehen sollte« (*Frankfurter Telegraph*, 1837, S. 345); aber solche Irrtümer und Inkorrektheiten haben Minna Jaeglé, die im Juli 1837 auf den Nachruf Gutzkows aufmerksam wurde (vgl. Hauschild, S. 63), keineswegs daran gehindert, im August 1837 brieflichen Kontakt mit Gutzkow aufzunehmen, dem sie offenbar nicht nur ihr »Vertrauen« seiner Person gegenüber ausdrückte, sondern dem sie auch »Produktionen« Büchners, »fertige und Fragmente«, in Aussicht stellte. Dies jedenfalls – Minnas Brief an Gutzkow hat sich nicht erhalten – geht unmißverständlich aus Gutzkows Antwortbrief vom 30. August 1837 hervor, in dem es unter anderem heißt:

»Vertrauen Sie mir Alles an, was Sie von Büchner haben! [. . .] Sind wirklich noch Produktionen, fertige und Fragmente, vorhanden [. . .]; so geben Sie mir dies Material; ich will es sichten, ordnen, und in die literarische Welt als ein Ganzes einführen!« (Andler, S. 190.)

Auf diesen Bittbrief in Sachen Büchner-Nachlaß hat Minna Jaeglé in der ersten Septemberhälfte postwendend mit einem »Paquet« (Andler, S. 191) geantwortet, das – wie es Gutzkow im überarbeiteten Neudruck seines Büchner-Nachrufs von 1838 formulierte – »die saubern Abschriften des poetischen

## 2. Editionsgeschichte

Nachlasses Büchners von der Hand seiner Geliebten« enthielt, darunter »das Fragment des Lenz« (Karl Gutzkow, *Götter, Helden, Don-Quixote. Abstimmungen zur Beurtheilung der literarischen Epoche*, Hamburg 1838, S. 49). Über das *Lenz*-Fragment, auf das er sicher besonders gespannt war und das er damals zum ersten Mal zu Gesicht bekam, äußerte sich Gutzkow in seinem Antwortbrief an Minna Jaeglé vom 14. September 1837 wie folgt:

»Lenz ist ein außerordentlich wichtiger Beitrag zur Literaturgeschichte, den ich vollständig abdrucken lasse; denn von dieser Berührung mit Oberlin hat man bisher nichts gewußt.« (Andler, S. 192.)

Nach der Anfangseuphorie über den Erhalt der Abschriften des Lustspiels *Leonce und Lena*, des Erzählfragments und eines Heftes von Briefen scheint sich Gutzkow längere Zeit nicht sehr intensiv um die Edition des poetischen Nachlasses von Büchner gekümmert zu haben. Verwundert über Gutzkows editorische Inaktivität schrieb Wilhelm Schulz am 3. April 1838 in einem Zürcher Brief an August Stoeber mit vorwurfsvollem Unterton:

»Von unsers Freundes Büchner lit Nachlasse ist noch nichts erschienen. Gutzkow hat denselben schon seit Jahr u. Tag in Händen, aber noch ist nichts zu Tage gekommen.« (Lehmann/Mayer, S. 186.)

Nachdem Gutzkow im Mai 1838 Bruchstücke aus *Leonce und Lena* mit eigenen verbindenden Zwischentexten im *Telegraph für Deutschland* veröffentlicht hatte, schrieb er am 26. Juni 1838 an Minna Jaeglé, er denke »auch noch mit den Bruchstücken des Lenz auf den Seligen [Büchner] zurückzukommen«, Minna und er sollten aber »die Bruchstücke vom Lenz«, wie bereits das Lustspiel *Leonce und Lena*, »nicht als Veranlassung einer besonderen Herausgabe«, d. h. wohl einer Separatausgabe, »benutzen« (Andler, S. 193). »Warum eigentlich nicht? Wollte er sie als mobiles Kapital gegebenenfalls zur ›Sauregurkenzeit‹ aus dem Ärmel ziehen?« (Hauschild, S. 49.) Es scheint so.

## II. Entstehungs- und Editionsgeschichte

Im Januar 1839, in einer – vom Buchmarkt her gesehen – literarischen »Sauregurkenzeit«, veröffentlichte Gutzkow im *Telegraph für Deutschland* (Hamburg, Januar 1839, Nr. 5, 7–11, 13–14) das *Lenz*-Fragment im Erstdruck unter dem von ihm hinzugefügten Titel »Lenz. Eine Reliquie von Georg Büchner«. In Gutzkows Einleitung zum Erstdruck des Erzählfragments heißt es:

»Sie [die *Lenz*-Dichtung] hat den Straßburger Aufenthalt des bekannten Dichters der Sturm- und Drangperiode, L e n z, zum Vorwurf und beruht auf authentischen Erkundigungen, die Büchner an Ort und Stelle über ihn eingezogen hatte. Leider ist die Novelle Fragment geblieben. Wir würden Anstand nehmen, sie in dieser Gestalt mitzutheilen, wenn sie nicht Berichte über Lenz enthielte, die für viele unsrer Leser überraschend seyn werden. Sollte man glauben, daß Lenz, Mitglied einer als frivol und transcendent bezeichneten Literaturrichtung, je in Beziehung gestanden hat zu dem durch seine pietistische Frömmigkeit bekannten Pfarrer O b e r l i n in Steinthal [. . .]? Büchner hat alles, was auf dieses Verhältniß Bezug hat, glaubwürdigen Familienpapieren entnommen. Lassen wir seine meisterhafte Darstellung des halbwahnsinnigen Dichters beginnen.«[3]

Zu diesem Einleitungstext Gutzkows bemerkt Hauschild in einer überzeugenden Analyse: »Die Parallelen zum Jungen Deutschland sind offenkundig. Als literaturhistorischer Legitimationstext, der aufgrund ›authentischer Erkundigungen‹ des Autors ein neues Bild von Jakob Michael Reinhold Lenz zeichnete und so die geläufigen Vorstellungen vom nur niederreißenden und oppositionellen Geist des Sturm und Drang korrigierte, kam Büchners Prosa gerade recht. Als ›frivol‹ und ›gottlos‹ hatte man ja auch seine, Gutzkows Schriften bezeichnet – zu Unrecht, wie er unablässig beteuerte. In *Lenz* hatte Büchner auch ein Stück Gegenwartsgeschichte geschrieben: letztlich war es wohl das, was der ›meisterhaften Darstellung des halbwahnsinnigen Dichters‹ einen Platz im

3 *Telegraph für Deutschland*, Januar 1839, Nr. 5, S. 34 f.

## 2. Editionsgeschichte

*Telegraphen* sicherte. Der frivole Lenz in seiner freund-
schaftlichen Beziehung zu dem frommen Oberlin – das war
Literaturgeschichte, die sich tagespolitisch ausbeuten ließ.«
(Hauschild, S. 50.)

Als Grund dafür, daß Gutzkow als Veröffentlichungszeit-
punkt des *Lenz*-Fragments den Januar 1839 wählte, führt
Hauschild an, »daß Hermann Marggraff kurz zuvor« (in seinem im *Conversations-Lexicon der Gegenwart*, Leipzig
[Oktober] 1838, S. 653 f., erschienenen Büchner-Artikel)
»gegen Gutzkows *Phönix*-Rezension des *Danton* polemisiert
hatte, sie sei ›sehr überschwänglich‹ gewesen und habe die
›Schattenseiten‹ des Dramas ›gänzlich‹ übergangen« (Hauschild, S. 50). In dieser prekären Situation, in der seine literaturkritische Kompetenz angezweifelt wurde, mußte es Gutzkow gelegen kommen, mit Hilfe des *Lenz* nachweisen zu
können, daß »diese Probe« von Büchners »Genie« – so Gutzkow in seiner Nachbemerkung zum Abdruck des Erzählfragments – »aufs Neue bestätigt, was wir mit seinem Tod an ihm
verloren haben. [. . .] G. Büchner offenbart in dieser Reliquie
eine r e p r o d u k t i v e P h a n t a s i e, wie uns eine solche
selbst bei Jean Paul nicht so rein, durchsichtig und wahr entgegentritt.«[4] Sehr deutlich kommt die polemische Spitze
gegen Hermann Marggraff dann im Schlußsatz seiner Nachbemerkung zum Vorschein:

»Wir möchten den Verf. des Büchner'schen Nekrologs im
›Conversations-Lexicon der Gegenwart‹ fragen, ob er nach
Mittheilung dieses L e n z nun noch glaubt, daß wir die
Gaben des zu früh Dahingegangenen überschätzten?«[5]

In der Editions- und Überlieferungsgeschichte des *Lenz*
kommt dem postumen Erstdruck des Textes durch Karl
Gutzkow eine hervorragende Bedeutung zu. Denn nach den
gründlichen text- und editionskritischen Untersuchungen
und der stringenten Beweisführung Hubert Gerschs ist der
Erstdruck von 1839 der »einzige authentische Textzeuge«

4 *Telegraph für Deutschland*, Januar 1839, Nr. 14, S. 110 f.
5 *Telegraph für Deutschland*, Januar 1839, Nr. 14, S. 111.

(Gersch, 1981a, S. 72), d. h. jener einzigartige Überlieferungsträger, der den *Lenz*-Text »im wesentlichen« so überliefert, »wie ihn Büchner« bei seinem Tod »hinterlassen hat« (Gersch, 1983, S. 16).

Als Druckvorlage für den Erstdruck diente Gutzkow – nach seiner Bemerkung im Neudruck seines Büchner-Nachrufs – eine ›saubere Abschrift‹ von der Hand Minna Jaeglés, die sie von dem verlorenen bzw. verschollenen *Lenz*-Arbeitsmanuskript Büchners angefertigt und Gutzkow im September 1837 zum Abdruck zugeschickt hat. Minnas ›saubere Abschrift‹, die nicht erhalten geblieben ist, hat Gutzkow im Erstdruck des *Lenz* – nach Gerschs eingehender textkritischer Analyse – »in fast diplomatischer Weise« abgedruckt (Gersch, 1981a, S. 16) – »ein Glücksfall im vorphilologischen Zeitalter« (Gersch, 1983, S. 16). Was aber mag Gutzkow dazu bewogen haben, »den Text im wesentlichen so weiterzugeben, wie er ihn in der Abschrift Minna Jaeglés empfangen hatte« (Gersch, 1981a, S. 19)? Vielleicht war es seine große Pietät gegenüber dem hochgeschätzten Dichter des *Danton*, die er im Untertitel des *Lenz*-Erstdrucks durch das Wort »Reliquie« ausdrückte, womit er möglicherweise auf seine »zurückhaltende Herausgebertätigkeit« hinweisen wollte, denn »mit einer Reliquie, von deren literarischem Wert man überzeugt ist, geht man sorgsam um« (Gersch, 1981a, S. 13). Vielleicht war es auch – weniger idealistisch spekuliert – ganz einfach die arbeitsökonomische Überlegung des vielbeschäftigten Literaten und Journalisten, daß »die am wenigsten zeitraubende Bearbeitung eines Textes eben ein weitgehender Verzicht auf diese Bearbeitung ist« (Hauschild, S. 49).

Außer Minna Jaeglés Abschrift hat noch ein zweiter handschriftlicher Textzeuge existiert: Büchners Original- bzw. ›Arbeitsmanuskript‹ des *Lenz*, das seine Verlobte wahrscheinlich im Sommer 1837 ›sauber‹ abgeschrieben hat, wobei sie am Text Büchners – wie dies Gersch besonders anhand des Neologismus »Haberpfeife« textkritisch glaubhaft zu

## 2. Editionsgeschichte

machen versteht (vgl. Gersch, 1981b, S. 246) – »fast nichts verändert« (Gersch, 1983, S. 16) zu haben scheint.

Was die Beschaffenheit des autographischen *Lenz*-Manuskripts von Büchner angeht, so ist in der neueren Büchner-Forschung allerdings umstritten, ob es sich bei dem nachgelassenen *Lenz*-Projekt um *ein* integrales, an einigen Stellen zwar lückenhaftes und nicht bis ins letzte ausgearbeitetes, aber doch – wie der spätere Erstdruck – fortlaufend lesbares ›Arbeitsmanuskript‹ handelte, wie Gersch anzunehmen scheint, oder ob in Büchners poetischem Nachlaß *mehrere Lenz*-Manuskripte vorhanden waren, aus denen, wie Hauschild unterstellt, »erst Minna im Zuge ihrer Abschrift [...] einen fortlaufend lesbaren Text geschaffen hat«, indem sie »möglicherweise eine Kontamination von mehreren, sich überlagernden Handschriften« herstellte, »die auf verschiedenen Stufen der Werkentwicklung standen; beispielsweise nach dem Modell H$^1$, H$^2$ (Entwürfe), H$^3$ (vorläufige Reinschrift)« (Hauschild, S. 65). Mit anderen Worten: Minna Jaeglé könnte bei ihrer Textkonstitution des *Lenz* eine Kontamination aus Büchners »Sammlung« von »Notizen zu seinem Novellenfragmente« (seinen *Lenz*-Entwürfen) einerseits und »dessen Ausarbeitung« (einer vorläufigen Reinschrift) andererseits komponiert haben, wofür eine bereits zitierte Äußerung von Wilhelm Schulz spricht, der in seinem Büchner-Essay von 1851 zwei unterschiedliche, d. h. »auf verschiedenen Stufen der Werkentwicklung« stehende *Lenz*-Handschriften Büchners differenziert hat: eine entstehungsgeschichtlich frühe »Sammlung« von »Notizen zu seinem Novellenfragmente« und dessen spätere »Ausarbeitung« (zit. nach: Grab, S. 67).

All diese zuletzt referierten bzw. aufgestellten Hypothesen hinsichtlich des Arbeitsmanuskripts Büchners, der Abschrift Minna Jaeglés und des Erstdrucks durch Karl Gutzkow müssen jedoch – so gut sie im einzelnen begründet sein mögen – Vermutungen bleiben, »solange sich keine Originalhandschriften des *Lenz* finden« (Hauschild, S. 65). Daß handschriftliche Textzeugen des *Lenz* von Büchner oder Minna

Jaeglé noch auftauchen, ist zwar nicht sehr wahrscheinlich –
Minnas Abschrift wurde wohl, »den Gepflogenheiten in den
damaligen Druckereien entsprechend«, beim Setzen des Erstdrucks »verbraucht« (Gersch, 1981a, S. 21) –, aber auch nicht
gänzlich auszuschließen: die vielen überraschenden Büchner-
Funde jedenfalls, die in der letzten Zeit gemacht worden sind,
lassen diesbezügliche Hoffnungen nicht ganz unberechtigt
erscheinen.

Um nachzuweisen, daß von den vorhandenen Textzeugen,
d. h. von den drei frühen *Lenz*-Drucken, der Gutzkowsche
Erstdruck von 1839 der »einzige authentische Textzeuge« ist
(Gersch, 1981a, S. 72), hat Gersch auch den zweiten und dritten Druck des *Lenz* (zweiter Druck in: Karl Gutzkow,
*Mosaik. Novellen und Skizzen*, Leipzig 1842, S. 57–96; dritter Druck in: Georg Büchner, *Nachgelassene Schriften*, hrsg.
von Ludwig Büchner, Frankfurt a. M. 1850, S. 199–234) eingehend textkritisch untersucht (vgl. Gersch, 1981a, S. 20–46)
und dabei durch philologische Vergleiche mit dem Erstdruck
festgestellt, daß diese beiden postumen Drucke ausschließlich
vom Erstdruck abhängig, daß sie lediglich mehr oder weniger
redaktionell bearbeitete Nachdrucke des Erstdrucks von
1839 sind, die auf keinen anderen Textzeugen, weder auf eine
Originalhandschrift Büchners noch auf Minna Jaeglés Abschrift, zurückgehen. In textkritischer Hinsicht hat damit
Gersch den zweiten und dritten Druck des *Lenz* als nicht
authentisch und deshalb als für die Konstitution eines kritischen *Lenz*-Textes völlig irrelevant erkannt. Aufgrund seines
textgeschichtlichen und textkritischen Befunds hat dann
Gersch 1981 beim »Internationalen Georg Büchner Symposium« als »Teilschritt« zu einer künftigen historisch-kriti-
schen Büchner-Ausgabe eine kritische *Lenz*-Edition vorgelegt (vgl. Gersch, 1981a, Teil II, S. 1–28), die – editorisch
konsequent – »entschieden auf den allein verbindlichen«,
weil in hohem Maße authentischen, »Erstdruck« zurück-
greift (Gersch, 1983, S. 17). Auf dieser kritischen Edition von
1981 basiert Gerschs »Studienausgabe« von Büchners *Lenz*,
die 1984 im Reclam-Verlag erschienen ist. Diese wohlfeile,

## 2. Editionsgeschichte

durch einen umfangreichen Anhang (Oberlins Bericht, Auszüge aus Goethes *Dichtung und Wahrheit* über den historischen Lenz), ein informatives Nachwort des Herausgebers
und wichtige Literaturhinweise bereicherte »Studienausgabe« ist zweifellos die beste, zuverlässigste und ›authen-
tischste‹ der derzeit im Buchhandel erhältlichen, ja, aller bisher im Buchhandel publizierten Editionen des *Lenz*-Frag-
ments.

Die weitere, auf die ersten drei *Lenz*-Drucke folgende, mit
der »ersten kritischen« Büchner-»Gesammt-Ausgabe« von
1879 neu einsetzende Editionsgeschichte des *Lenz*, deren
wichtigste Stationen die Büchner-Ausgaben von Karl Emil
Franzos (1879), Fritz Bergemann (1922) und Werner R. Lehmann (1967) sind, braucht hier nicht weiter verfolgt zu werden, da sie, weil nach dem Erstdruck von 1839 keinerlei handschriftliche Textzeugen mehr aufgetaucht sind, kaum noch
von textkritischem, sondern fast nur noch von philologi-
schem und wissenschaftsgeschichtlichem Interesse ist. Wer
sich gleichwohl für die spätere Editionsgeschichte der ›Irrun-
gen‹ und ›Wirrungen‹ interessiert, sei hiermit vor allem auf
die editionsgeschichtlichen und editionskritischen Untersuchungen von Hubert Gersch und Jan-Christoph Hauschild
verwiesen (vgl. Gersch, 1981a, S. 72–107, sowie Hauschild,
S. 95 f. und 140), denen die vorliegende editionsgeschicht-
liche Studie sehr verpflichtet ist.

# III. Rezeptions- und Wirkungsgeschichte

Keine andere Erzählung bzw. Novelle der deutschen Literatur des 19. Jahrhunderts dürfte eine so reiche und interessante Rezeptions- und Wirkungsgeschichte[1] vorzuweisen haben wie Büchners Erzählfragment *Lenz*. Keiner anderen Erzählung des erzählfreudigen 19. Jahrhunderts dürften so viele enthusiastische, überschwengliche, superlativische Urteile von bedeutenden Schriftstellern und Literaturwissenschaftlern zuteil geworden sein wie Büchners »in einem fortgeschrittenen Entwurfstadium« hinterlassener Erzählung mit ihren »formalen Unregelmäßigkeiten«, mit ihren »Arbeitslücken unterschiedlicher Art«, mit ihren »stilistischen und darstellerischen Unfertigkeiten« (Gersch, 1983, S. 16).

In seinem »Versuch über Georg Büchner«, mit dem er 1923 eine von ihm herausgegebene Büchner-Ausgabe einleitete, bemerkte Arnold Zweig zum Anfang des *Lenz*-Textes:

»Nach den ersten Sätzen ist alles da: hier ist ein Dichter; er wird wahnsinnig: ›Müdigkeit spürte er keine, nur war es ihm manchmal unangenehm, daß er nicht auf dem Kopf gehn konnte.‹ Mit diesem Satze beginnt die moderne europäische Prosa; kein Franzose und kein Russe legt moderner einen seelischen Sachverhalt offen hin.«[2]

In einer im April 1927 in der *Frankfurter Zeitung* erschienenen Skizze (»Ein Dramatiker«) machte Robert Walser dem »Dramatiker« Büchner und dessen *Lenz* ein Kompliment, wie nur er es formulieren konnte:

---

1 Vorab sei folgende terminologische Unterscheidung getroffen: Dem Vorschlag und Beispiel Dietmar Goltschniggs folgend, wollen wir »unter Rezeption die Aufnahme eines Werkes sowie Urteil und Kritik darüber, unter Wirkung den direkten produktiven Einfluß eines Werkes auf ein anderes« verstehen (Goltschnigg, 1975, S. 16). Statt von »Wirkung« in diesem Sinne könnte man auch von »produktiver Rezeption« sprechen (vgl. Hauschild, S. 232 f. und 267–273).

2 Georg Büchner, *Sämtliche poetische Werke nebst einer Auswahl seiner Briefe*, hrsg. und eingel. von Arnold Zweig, München/Leipzig 1923, S. XLI f.

*III. Rezeptions- und Wirkungsgeschichte*          89

»Meines Wissens schrieb er einmal, als er gerade nichts Pompöseres zu tun wußte, eines der seelenvollsten, schönstklingenden Prosastücke, die je im Zustand der Verfeinertheit geschrieben worden sein mögen.«[3]

Voll des Lobes über Büchners *Lenz* war auch Alfred Döblin, der – in einem Brief vom 22. November 1948 – einem jungen Schriftsteller und Literaturwissenschaftler (Wolfgang Grothe) Büchner als Vorbild sprachlicher Intensität und stilistischer Ehrlichkeit empfahl:

»Blicken Sie einmal in die Erzählung ›Lenz‹, das Bruchstück von Büchner, das er ungefähr mit einundzwanzig Jahren schrieb: welche Einfachheit und Ungezwungenheit und ehrlicher Stil, ganz ohne Mache, zum Teil ehrlich wie eine Krankengeschichte, – so sieht das Originale aus!«[4]

Walter Jens apostrophierte den *Lenz* in seinem Essay über *Deutsche Literatur der Gegenwart* (1961) als »die erste moderne Erzählung«[5] – ein großes Lob für einen Erzähltext, der 1835 geschrieben und 1839 erstmals veröffentlicht wurde. Im ersten Band seiner Erinnerungen *Ein Deutscher auf Widerruf* (1982) hat neuerdings Hans Mayer den *Lenz* mit Nachdruck als »die größte Erzählung in unserer Sprache«[6] bezeichnet. Und nicht weniger superlativisch und enthusiastisch ist das Werturteil des Büchner- und Nobelpreisträgers Elias Canetti, der erst kürzlich, 1985, im dritten Band seiner Lebensgeschichte den *Lenz* das »wunderbarste Stück deutscher Prosa«[7] genannt hat. Die höchste literaturkritische Auszeichnung, die der *Lenz* bisher erhielt, ist seine Aufnahme in die »ZEIT-Bibliothek der 100 Bücher«, d. h. seine

---

3 Robert Walser, *Das Gesamtwerk*, hrsg. von Jochen Greven, Bd. 11, Zürich / Frankfurt a. M. 1978, S. 263.

4 Zit. nach: Wolfgang Grothe, »Die Theorie des Erzählens bei Alfred Döblin«, in: *Text + Kritik* (Alfred Döblin) 13/14 (1966) S. 16.

5 Walter Jens, *Deutsche Literatur der Gegenwart*, München 1961, S. 134.

6 Hans Mayer, *Ein Deutscher auf Widerruf*, Frankfurt a. M. 1982, S. 212.

7 Elias Canetti, *Das Augenspiel. Lebensgeschichte 1931–1937*, München/Wien 1985, S. 66.

Plazierung auf jener Besten-Liste von hundert Werken der erzählenden Weltliteratur, die 1979 eine sechsköpfige Jury auf Anregung der Feuilleton-Redaktion der Wochenzeitung *Die Zeit* zusammengestellt hat.

## 1. Frühe Rezeptionsgeschichte (1839–1900)

Lange Zeit ist man davon ausgegangen, daß es in der Rezeptions- und Wirkungsgeschichte Georg Büchners zwischen 1837 und 1875 eine Art Vakuum gegeben (vgl. Hauschild, S. 11), daß die literarische Büchner-Rezeption erst eigentlich zur Zeit des Naturalismus begonnen habe, eine Einschätzung, die zu dem hartnäckigen Klischee von Büchners verspätetem Nachruhm, seiner vermeintlichen ›Spätrezeption‹ geführt hat. Diese Annahme einer angeblich ausgebliebenen Früh- und einer dann relativ vehement einsetzenden Spätrezeption Büchners läßt sich nicht mehr aufrechterhalten, da in der letzten Zeit – vor allem durch die Bemühungen Hauschilds – »rund 1000 Dokumente« zur frühen Rezeptions- und Wirkungsgeschichte ausfindig gemacht werden konnten (vgl. Hauschild, S. 14), die eine erstaunlich intensive frühe Rezeption des Dichters, Sozialrevolutionärs und Naturforschers Büchner belegen.

Was die frühe Rezeptionsgeschichte des Dichters Büchner angeht, so war es von seinen drei bis 1875/79 bekannten dichterischen Werken *Dantons Tod*, *Leonce und Lena* und *Lenz* – der *Woyzeck* wurde in Buchform bekanntlich erst 1879 in der von Karl Emil Franzos herausgegebenen Gesamtausgabe veröffentlicht – »vor allem das Provokationsstück *Danton's Tod*, das seinen Autor schon im Vormärz zu einem beachteten und umstrittenen Schriftsteller machte« (Hauschild, S. 165). So richtig diese differenzierte Feststellung Hauschilds ist, so falsch ist die Behauptung Goltschniggs, daß sich im Vormärz und in den folgenden Jahrzehnten bis zur Büchner-Ausgabe von Karl Emil Franzos (1879) »die Rezeption Büchners« allein auf *Dantons Tod* »beschränkt«

## 1. Frühe Rezeptionsgeschichte (1839–1900)     91

habe, daß in dieser Zeit sein Revolutionsdrama »das einzige Werk« gewesen sei, »das man mit dem Namen Büchners verband« (Goltschnigg, 1975, S. 31). Denn wenn man in dieser Zeit Büchners Namen auch fraglos in erster Linie mit *Dantons Tod* verknüpft hat, so hat man ihn doch damals in zweiter und dritter Linie durchaus mit *Lenz* und *Leonce und Lena* in Verbindung gebracht. Und dieses »in zweiter und dritter Linie« (mit der entsprechenden Zuordnung der beiden Büchner-Werke) ist wörtlich zu verstehen, scheint doch – nach Hauschilds Untersuchung der frühen Büchner-Rezeption zu urteilen – die *Lenz*-Rezeption schon im 19. Jahrhundert von größerer Bedeutung gewesen zu sein als die *Leonce und Lena*-Rezeption.

Da die Ausgaben einerseits selbst Zeugnisse der Rezeptions- und Wirkungsgeschichte, andererseits wichtige Auslöser für Rezeptions- und Wirkungsschübe sind (vgl. Hauschild, S. 14), gehen wir im folgenden chronologisch nach den *Lenz*-Editionen von 1839, 1850 und 1879 vor, wobei selbstverständlich auch die Äußerungen der betreffenden Editoren zum *Lenz* als Rezeptionsdokumente herangezogen werden sollen.

Das erste Dokument der *Lenz*-Rezeption ist der von KARL GUTZKOW besorgte Erstdruck der Erzählung vom Januar 1839. Gutzkow war nicht nur der erste Editor, sondern auch – nach Minna Jaeglé, Wilhelm Schulz und eventuell den Stoebers – einer der ersten Leser des *Lenz*, ja, der erste *Lenz*-Rezipient, der öffentlich fundierte Werturteile über die Erzählung abgegeben und durch sie die weitere Rezeptionsgeschichte des *Lenz* beeinflußt hat. In der Vorbemerkung zum Erstdruck des *Lenz* geht Gutzkow zwar nur beiläufig auf die literarische Qualität der leider »Fragment« gebliebenen »Novelle« ein – im Schlußsatz der Einleitung lobt er Büchners »meisterhafte Darstellung des halbwahnsinnigen Dichters«[8] –, dafür spricht er dann aber in der Nachbemerkung zum Erstdruck um so ausführlicher und nach-

8 *Telegraph für Deutschland*, Januar 1839, Nr. 5, S. 35.

92 _III. Rezeptions- und Wirkungsgeschichte_

drücklicher über die ästhetischen Vorzüge des Erzählfragments:

»Welche Naturschilderungen; welche Seelenmalerei! Wie weiß der Dichter die feinsten Nervenzustände eines, im Poetischen wenigstens, ihm verwandten Gemüths zu belauschen! Da ist Alles mitempfunden, aller Seelenschmerz mitdurchrungen; wir müssen erstaunen über eine solche Anatomie der Lebens- und Gemüthsstörung. G. Büchner offenbart in dieser Reliquie eine reproduktive Phantasie, wie uns eine solche selbst bei Jean Paul nicht so rein, durchsichtig und wahr entgegentritt.«[9]

Gutzkow hat in seiner komprimierten _Lenz_-Charakteristik von 1839 eine Reihe von Themen und Thesen angeschnitten, die in der späteren _Lenz_-Rezeption, besonders in der Forschungsliteratur zum _Lenz_, eine bedeutende Rolle spielen werden: Der _Lenz_ als Erzählfragment (»Leider ist die Novelle Fragment geblieben«, bedauert Gutzkow in der Vorbemerkung zum Erstdruck) – Die Landschaftsdarstellung im _Lenz_ (»Welche Naturschilderungen«) – Die literarische Darstellung des Wahnsinns bzw. einer wahnsinnigen (schizophrenen) Figur – Der autobiographische Gehalt des _Lenz_ oder Affinitäten zwischen Büchner und seinem fiktiven Lenz – Die »phänomenologische Erzählweise« des _Lenz_ (»Anatomie der Lebens- und Gemüthsstörung«; vgl. Kanzog, 1976, S. 186 ff.).

Wenn auch Gutzkow »die literarische Qualität des _Lenz_ allein nicht zum Abdruck bewogen« hätte (Marquardt, S. 41) – dazu leitete ihn außerdem biographisch-literarhistorisches Interesse sowie die literaturpolitische Intention, den _Lenz_-Text als einen Text des Jungen Deutschland zu reklamieren und in die jungdeutsche Strategie des Ideenschmuggels einzubeziehen (vgl. Marquardt, S. 41 f.) –, so betrachtete er das _Lenz_-Fragment doch als eine wichtige »Probe« von Büchners »Genie«, die – Gutzkow hatte im Mai 1838 im _Telegraph für Deutschland_ Bruchstücke aus _Leonce und Lena_

9 _Telegraph für Deutschland_, Januar 1839, Nr. 14, S. 110 f.

## 1. Frühe Rezeptionsgeschichte (1839–1900)

veröffentlicht – »aufs Neue bestätigt, was wir seit seinem Tod an ihm verloren haben«[10]. Vergleicht man Gutzkows Äußerungen über die drei ihm bekannten poetischen Werke Büchners, so läßt sich feststellen, daß auf seiner literarischen Wertskala das Drama *Dantons Tod* an erster, das Erzählfragment *Lenz* an zweiter und das Lustspiel *Leonce und Lena* an dritter Stelle rangiert. Mit dieser abgestuften Wertschätzung hat Gutzkow die spätere Büchner-Rezeption in ihren literarischen Werturteilen so nachhaltig beeinflußt wie kaum ein anderer der frühen Büchner-Rezipienten.

Auf Gutzkows Erstdruck des *Lenz* vom Januar 1839 scheint es nur wenige öffentlich geäußerte Reaktionen gegeben zu haben. Karl Biedermann bemerkte in einer Gutzkow-Rezension vom April 1839, der Rezensierte hätte sich durch seine Kontakte zu Büchner »die gesammelte Ausbeute seines poetischen Talents« verschafft, »wovon schon ein werthvolles Stück, das Fragment einer Novelle: ›Lenz‹, neuerdings im Telegraphen mitgetheilt worden« sei (zit. nach: Hauschild, S. 207). Abgesehen von drei knappen Hinweisen auf Büchners Erzählung, die August Stoeber anläßlich seiner Veröffentlichung des Oberlin-Berichts in den Jahren 1839 und 1842 gegeben hat (vgl. Hauschild, S. 207), ist sonst an Rezeptionszeugnissen zum *Lenz* aus der Vormärzzeit nur noch die kurze Charakteristik von Belang, die Wilhelm Schulz in der von ihm und Carl Welcker herausgegebener Schrift über *Geheime Inquisition, Censur und Kabinetsjustiz im verderblichen Bunde* (Carlsruhe 1845, S. 12) geliefert hat. In ihr apostrophiert Schulz den »geistvollen« Verfasser des ›Hessischen Landboten‹ als »Dichter von › D a n t o n ' s  T o d ‹ und des Fragments einer Novelle ›aus dem Leben des Dichters L e n z ‹, eines Meisterwerks in Auffassung und Schilderung von Seelenzuständen«. Schulzens Charakteristik der »Novelle« klingt deutlich an Formulierungen in Gutzkows Nachbemerkung zum Erstdruck des *Lenz* an, in der Gutzkow die Erzählung als »Bruchstück aus dem Leben des Dich-

---

10 *Telegraph für Deutschland*, Januar 1839, Nr. 14, S. 110.

94 III. Rezeptions- und Wirkungsgeschichte

ters« Lenz bezeichnet und von Büchners Kunst der literarischen »Seelenmalerei« schwärmt.[11]

Während der Erstdruck des *Lenz* nur spärliche Rezeptionsspuren hinterlassen hat – Journaldrucke eines Werks sind rezeptionsgeschichtlich zumeist von geringerer Bedeutung als Separatdrucke oder Drucke innerhalb von Gesamtausgaben –, wurde durch die 1850 erschienenen *Nachgelassenen Schriften von Georg Büchner* (Frankfurt a. M. 1850) ein kleiner Rezeptionsschub ausgelöst, der gerade auch der *Lenz*-Rezeption zugute kam.

Der erste Rezipient in der zweiten Phase der Rezeptionsgeschichte des *Lenz* ist der Herausgeber der *Nachgelassenen Schriften*, des Dichters jüngerer Bruder LUDWIG BÜCHNER (1824–99), der in der biographischen Einleitung auf Georgs »inniges, fast schwärmerisches Zusammenleben mit der Natur« hinweist:

»Tagelang streifte er in den schönen Gebirgen des Elsaß umher, gleich seinem ›Lenz‹, und schien gleich ihm mit seiner Umgebung zu verwachsen, sich in sie aufzulösen.« (S. 46.)

In der autobiographischen Deutung der Titelfigur der Erzählung geht Ludwig Büchner noch einen Schritt weiter, wenn er die rezeptions- und forschungsgeschichtlich bedeutsame These aufstellt, Georg Büchner habe »in Lenzen's Leben und Sein [. . .] verwandte Seelenzustände« gefühlt, ja, das »Fragment« sei »halb und halb des Dichters eigenes Porträt« (S. 47). Ludwig Büchner knüpft hier offenbar an Gutzkows Nachbemerkung zum Erstdruck des *Lenz* an, in der es von Büchners Affinität zu Lenz heißt:

»Wie weiß der Dichter die feinsten Nervenzustände eines, im Poetischen wenigstens, ihm verwandten Gemüths zu belauschen!«[12]

Die nächsten Rezeptionsbelege zum *Lenz* finden sich in den sechs bisher aufgespürten Rezensionen der *Nachgelassenen*

11 *Telegraph für Deutschland*, Januar 1839, Nr. 14, S. 110.
12 *Telegraph für Deutschland*, Januar 1839, Nr. 14, S. 110 f.

## 1. Frühe Rezeptionsgeschichte (1839–1900)

*Schriften von Georg Büchner*. Anhand dieser Rezensionen läßt sich die Hypothese verifizieren, daß es in der frühen Rezeptionsgeschichte Büchners eine Rangskala der Wertschätzung gibt, auf der im allgemeinen *Dantons Tod* den ersten, *Lenz* den zweiten und *Leonce und Lena* den dritten Platz einnimmt (vgl. Hauschild, S. 211–222).

EDUARD SATTLER preist in seiner Rezension im *Frankfurter Konversationsblatt* vom 29. November 1850 *Dantons Tod* als »ein geniales Werk«, kritisiert *Leonce und Lena* als ein Lustspiel »von verhältnismäßig minderem Belang« und lobt dagegen das Novellenfragment *Lenz*, das »wieder unser größtes Interesse erwecken« müsse: »Die Schilderungen der Natur und des Seelenlebens sind unübertrefflich.« (Zit. nach: Hauschild, S. 211.)

In der zweiten Rezension der *Nachgelassenen Schriften*, die am 21. Dezember 1850 in Gustav Kühnes Zeitschrift *Europa* erschien, spricht der anonyme Rezensent mehr von Büchners geistiger Wahlverwandtschaft zu dem Sturm-und-Drang-Dichter Lenz als von den literarischen Qualitäten der Novelle, der er allerdings bescheinigt, daß sie von Lenzens »schon halb wahnsinnigen Zuständen bei dem pietistischen Pfarrer Oberlin in Waldbach ein getreues Bild« gebe (zit. nach: Hauschild, S. 212).

Von den sechs Rezensenten der *Nachgelassenen Schriften* hat sich JULIAN SCHMIDT (1818–86) am intensivsten mit Büchners *Lenz* auseinandergesetzt. Als Wortführer des programmatischen Realismus geht Schmidt, der seit 1848 zusammen mit Gustav Freytag das einflußreichste Organ des literarischen Realismus, *Die Grenzboten*, herausgab, von der Literaturdoktrin eines ›idealen Realismus‹ aus, wonach der Dichter – gemäß Sophokles' »ewig wahrem« Spruch – die Menschen darstellen soll, »nicht wie sie sind, sondern wie sie sein sollen«.[13] Da Schmidt die Bereiche und Gegenstände des literarisch Darstellbaren auf das »Moralische, Positive, Gesunde« reduziert (Hauschild, S. 220), kann es nicht wun-

13 Julian Schmidt, »Einige Übelstände in unsrem Theaterwesen«, in: *Die Grenzboten* 11 (1852) Bd. 3, S. 94.

96    *III. Rezeptions- und Wirkungsgeschichte*

dernehmen, daß er in seiner am 24. Januar 1851 in den *Grenz-boten* (10, 1851, Bd. 1, S. 121–128) erschienenen Kritik die von Büchner im *Lenz* versuchte »Darstellung des Wahnsinns« als »eine unkünstlerische Aufgabe« betrachtet und das Erzählfragment deshalb als ein künstlerisch verfehltes Werk ansieht:

»Ich halte den Versuch, den Wahnsinn darzustellen, wenn er etwas mehr sein soll, als das deutlich erkannte Resultat eines tragischen Schicksals, oder als eine vorübergehende Staffage, um die augenblickliche Stimmung auszudrücken, für den Einfall einer krankhaften Natur. Die Darstellung des Wahnsinns ist eine unkünstlerische Aufgabe, denn der Wahnsinn, als die Negativität des Geistes, folgt keinem geistigen Gesetz; die Willkür hat einen unermeßlichen Spielraum, und die hervorzurufenden Stimmungen contrastiren so gewaltsam mit einander, daß ein lebendiger Eindruck nicht möglich ist. Ueber das Widersinnige müssen wir lachen, und doch schaudert es uns vor diesem unheimlichen Selbstverlust des Geistes. Der Wahnsinn als solcher gehört in das Gebiet der Pathologie, und hat ebenso wenig das Recht, poetisch behandelt zu werden, als das Lazareth und die Folter. [. . .] Am schlimmsten ist es, wenn sich der Dichter so in die zerrissene Seele seines Gegenstandes versetzt, daß sich ihm selber die Welt im Fiebertraum dreht. Das ist hier der Fall.

Es hängt das mit einer falschen ästhetischen Ansicht zusammen, die wir nicht genug bekämpfen können. [Als Beleg für Büchners »falsche ästhetische Ansicht« zitiert J. Schmidt darauf ausführlich aus Büchners *Danton*-Brief vom 28. Juli 1835 an die Familie.] [. . .]

Der Einwand, daß Gott doch wohl gewußt haben müsse, was er schuf, reicht nicht aus, denn für Gott ist die Welt Totalität, in der ein Unvollkommenes das Andere ergänzt. Der Dichter aber, der nur ein Fragment der Welt darstellt, kann sich mit dem Empirischen, dem Unvollkommenen nicht begnügen. Wenn die Dichtung ein Duplicat des Wirklichen gäbe, so wüßte man nicht, wozu sie da wäre. Sie soll erheben, erschüt-

## 1. Frühe Rezeptionsgeschichte (1839–1900)

tern, ergötzen; das kann sie nur durch Ideale. [...] Das bloße Wirkliche ist zu elend, um die Seele dauernd zu erregen. [...]

Wenn also auch Büchner über Lenz die gewissenhaftesten Studien gemacht hat, um in der Schilderung seines Wahnsinns so naturgetreu als möglich zu sein, so ist dieses Studium doch nur die Nebensache; eigentlich ist seine Productivität in der Reihenfolge der Seelenzustände, und in dem Rapport, in welchen dieselben zu den entsprechenden Stimmungen der Natur gesetzt werden. Wie lebhaft sein Gefühl in dem Herausfinden dieses Rapports war – die Eigenschaft eines krankhaft reizbaren Nervensystems – zeigen verschiedene halb im Scherz halb im Ernst geschriebene Stellen seiner Briefe. Abgesehen von dem falschen Gegenstand ist das Talent, welches an denselben verschwendet ist, im höchsten Grade anzuerkennen. Man sieht überall den wahren Dichter, d. h. den lebhaft und mit einer gewissen Gewalt empfindenden Geist, der, was er darstellt, darstellen muß.«[14]

Julian Schmidt ist derjenige Büchner-Rezipient, der sich im 19. Jahrhundert am ausführlichsten und kritischsten mit dem *Lenz* auseinandergesetzt hat. Seine äußerst kritischen Vorbehalte gegenüber dem »falschen Gegenstand«, den Büchner im *Lenz* mit der Darstellung des Wahnsinns gewählt habe, haben Schmidt jedoch keineswegs blind für das große, gerade auch am *Lenz* sichtbar werdende, dichterische Talent Büchners gemacht, von dem der Rezensent am Schluß seiner Rezension sagt: »er überragt, trotz seiner Jugend, fast alle Poeten seiner Schule an Talent wie an Tiefe des Gefühls. [...] Er würde«, auch wenn er älter geworden wäre, »immer in der Reihe der Reflexionsdichter geblieben sein, der Hippel, Arnim, Kleist, Grabbe, Hebbel, jener Dichter, bei denen das schärfste, kälteste Denken hart an die unheimlichen Nebel des Wahnsinns streift.«[15]

Mehr als die sonst zumeist übliche Kurzcharakteristik des

14 *Die Grenzboten* 10 (1851) Bd. 1, S. 122–124.
15 *Die Grenzboten* 10 (1851) Bd. 1, S. 128.

*Lenz* bietet auch WILHELM SCHULZ in seiner Rezension der *Nachgelassenen Schriften*, die im Februar 1851 in der *Deutschen Monatsschrift für Politik, Wissenschaft, Kunst und Leben* (Jg. 2, H. 2, Februar 1851, S. 210–233) erschienen ist und die sich zu einem ebenso aufschluß- wie umfangreichen Büchner-Essay ausgeweitet hat. Nach Schulz sind die drei in den *Nachgelassenen Schriften* veröffentlichten, »in rascher unmittelbarer Folge« geschaffenen, poetischen Werke Büchners als Einheit zu begreifen, gehören sie doch »so wesentlich zusammen, daß erst jede einzelne Schöpfung durch die anderen, daß erst der schöpferisch umfassende Geist des Dichters durch alle in's rechte Licht gesetzt wird«:

»Wie wunderbar Verschiedenes ist doch der einen Quelle fast gleichzeitig entsprungen! Hier ist die Novelle *Lenz*. Sie ist ein düsteres Nachtgemälde, denn auch in der Familie des glaubenssicheren *Oberlin* wird Einem ziemlich unheimlich zu Muthe. Mit erschütternder Wahrheit schildert sie in einer kranken Menschenseele die mit unerbittlicher Consequenz fortschreitende Entwicklung des Wahnsinns. Eine Vogesengegend, in den schärfsten und feinsten Umrissen mit allen Farben und Farbenschattirungen der wirklichsten Wirklichkeit dargestellt, ist der Boden, auf dem die innere Tragödie ihre Fäden äußerlich abspinnt; so daß Geist und Natur bald in trübseliger Harmonie zusammenstimmen, bald in schneidenden Contrasten auseinandergehen. Und nun gleich nebenan die durch und durch heitere, die keck lustige Humoreske *Leonce und Lena*.« (Zit. nach: Grab, S. 61.)

An anderer Stelle seines Büchner-Essays erklärt Schulz – möglicherweise aufgrund von Gesprächen mit dem Autor –, daß Büchner »seine ganze Auffassung der künstlerischen Aufgabe«, d. h. seine ganze Kunsttheorie, »in den Worten ausgesprochen« habe, »die er seinem *Lenz* im ›Kunstgespräch‹ »in den Mund legt« (zit. nach: Grab, S. 68) – ein wichtiger, weil von einem engen Freund Büchners stammender Hinweis, der bei der in der Sekundärliteratur häufig diskutierten Frage zu berücksichtigen ist, inwieweit Büchner in

## 1. Frühe Rezeptionsgeschichte (1839–1900)

das ›Kunstgespräch‹ des *Lenz* seine eigene Kunsttheorie eingebracht hat.

In der am 4. April 1851 in der *Kölnischen Zeitung* (Nr. 81, S. 3–5: »Ein Denkstein«) erschienenen Rezension von KARL OHLY (1825–81) macht sich wieder einmal mehr das von Gutzkow vorgegebene Bewertungsmuster bemerkbar: der Rezensent hält »das berühmte Drama ›Danton's Tod‹« für das bedeutendste unter Büchners Werken, er kennzeichnet die *Lenz*-Erzählung mit lobenden Worten als ein »von der feinsten psychologischen Auffassungs- und genialer Darstellungsgabe zeugendes Novellen-Fragment«, während er an *Leonce und Lena* kritisiert, daß das Lustspiel »an dem Cardinal-Gebrechen der deutschen Comödie«, »dem Mangel an Realität« kranke (zit. nach: Hauschild, S. 216).

Die letzte, am 11. Oktober 1851 in den *Blättern für literarische Unterhaltung* (Nr. 122, S. 959–961) veröffentlichte Rezension der *Nachgelassenen Schriften* stammt wahrscheinlich von dem Romancier und Scott-Übersetzer WILLIBALD ALEXIS (1798–1871), der »das sehr interessante Novellenfragment ›Lenz‹« als »bekannt genug« voraussetzt, um näher darauf einzugehen, wobei er betont, daß auch diese poetische Probe »wieder das Untergehen des begabten Dichters bedauern« lasse (zit. nach: Hauschild, S. 218).

Ein Novum in der frühen Rezeptionsgeschichte des *Lenz* stellt der vierseitige Büchnerartikel im *Ergänzungs-Conversationslexikon* von 1851 dar (Bd. 7, Leipzig/Meißen 1851, S. 61–64), denn sein anonymer Verfasser nimmt darin erstmals eine Umwertung der drei dichterischen Werke von Büchner vor. Zwar betrachtet auch er, wie die meisten Rezensenten vor ihm, *Leonce und Lena* als schwächstes Werk des Dichters, aber auf den vorderen Rängen seiner Wertskala haben *Dantons Tod* und *Lenz* ihre bisherigen Plätze getauscht: das als wenig »bühnengerecht« und nicht »aus einem Guß« bestehende kritisierte Revolutionsdrama, das gleichwohl durch »die ausgezeichnete Kraft des Dichters«, durch den »wunderbaren Bilderreichthum« und den »Glanz seiner Sprache« eine »mächtige Anziehungskraft« auf den Leser ausübe, wird nicht mehr als bestes, sondern nur noch als zweitbestes Werk des Autors angesehen, während die Erzählung *Lenz* als die »gelungenste, mit plastischer Rundung ausgestattete Schöpfung Büchners« gepriesen wird:

»Die Charakteristik in diesem Fragment, die gehaltene Kraft der Darstellung und namentlich die innige Harmonie, in der hier die Seele des sterbenden Dichters mit dem sie erfüllenden Kunstideal und mit der umgebenden Natur erscheint, machen das Bedauern sehr lebhaft, daß wir einen solchen Dichter so früh verlieren mußten.« (S. 63.)

Nach dem derzeitigen Forschungsstand zu urteilen, scheint es in der Zeit zwischen 1851 und 1875/79 kaum Rezeptionsbelege zum *Lenz* zu geben, wenn man davon absieht, daß Julian Schmidt seine *Grenzboten*-Rezension in gekürzter und überarbeiteter Form in die verschiedenen, seit 1853 veröffentlichten Auflagen seiner *Geschichte der deutschen Nationalliteratur im 19. Jahrhundert* (3. Aufl. 1856, 5. Aufl. 1867) übernommen hat (vgl. Hauschild, S. 222). Auf den ersten, durch das Erscheinen der *Nachgelassenen Schriften von Georg Büchner* ausgelösten Rezeptionsschub der Jahre 1850/51 folgte erst um 1880 ein zweiter Schub in der Rezeptionsgeschichte des *Lenz*, verursacht durch die 1879 erschienene »erste kritische« Büchner-»Gesammt-Ausgabe«, die der österreichische Schriftsteller und Publizist KARL EMIL FRANZOS (1848–1904) eingeleitet und herausgegeben hat. Durch seine Büchner-Ausgabe von 1879, in der erstmals in einer Sammeledition der *Woyzeck* abgedruckt wurde, und seine zahlreichen, seit 1875 erscheinenden Büchner-Aufsätze hat Franzos der Büchner-Rezeption in den über dreißig Jahren zwischen 1875/79 und 1909 (dem Erscheinungsjahr der zweibändigen Büchner-Ausgabe von Paul Landau) entscheidende Impulse gegeben.

Das erste Dokument seiner intensiven Beschäftigung mit Büchner ist der »Georg Büchner« betitelte Aufsatz, den Franzos »zum Tage der Enthüllung« des Büchner-Denkmals auf dem Zürichberge am 4. Juli 1875 in der Wiener *Neuen*

## 1. Frühe Rezeptionsgeschichte (1839–1900)    101

*Freien Presse* veröffentlichte. Darin widmet Franzos, nachdem er *Dantons Tod* als »eines der genialsten Werke unserer Literatur« gepriesen hat (zit. nach: Goltschnigg, 1974a, S. 87), dem Erzählfragment *Lenz* folgende Passage:

»Als das Organ dieser Partei [des Jungen Deutschland], die ›Deutsche Revue‹, gegründet wurde, schrieb Büchner hie für seine Novelle: ›Lenz‹. Es liegt leider nur ein Fragment hie von vor. Eine merkwürdige Arbeit – sie mahnt im Style an Goethe's Klarheit, aber ihr Inhalt ist durch und durch originell. Tief hat er sich in dies fremde, unheimliche Seelenleben eingewühlt – es ist im Grunde nur eine Krankheitsgeschichte, aber von unsäglicher Kraft und Schönheit. Wäre ›Lenz‹ vollendet oder doch mindestens weiter vorgeschritten, wir besäßen da ein Denkmal dieses seltenen Geistes, welches meines Erachtens mindestens an ästhetischem Werthe das Drama *[Dantons Tod]* weit überträfe.« (Zit. nach: Goltschnigg, 1974a, S. 90.)

Vier Jahre später, in der umfangreichen Einleitung seiner Büchner-»Gesammt-Ausgabe« von 1879 (*Georg Büchner's Sämmtliche Werke und handschriftlicher Nachlaß*), geht Franzos mit keinem Wort auf die Erzählung *Lenz* ein: seine chronologisch aufgebaute biographische Einleitung bricht nach der Behandlung des Dramas *Dantons Tod* ab (vgl. S. CLXVI), so daß er nicht mehr auf den *Lenz* und die beiden anderen poetischen Werke Büchners zu sprechen kommt.
In den neun bisher ausfindig gemachten Rezensionen der von Franzos herausgegebenen Büchner-»Gesammt-Ausgabe« (vgl. Hauschild, S. 247–255) wird der *Lenz* – wenn überhaupt – nur am Rande erwähnt und dabei vor allem mit den beiden seit Gutzkow gängigen Kurzformeln: meisterhafte »Naturschilderung« und »Seelenmalerei«, bedacht. So bezeichnet Reinhard Mosen in den *Blättern für literarische Unterhaltung* (Mai 1881, S. 309–313) den *Lenz* als »psychologisch interessantes Novellen-Fragment« (zit. nach: Hauschild, S. 255), qualifiziert Fritz Lemmermayer im *Magazin für die Literatur des In- und Auslandes* (5. Februar 1881, S. 94 f.) die Er-

102       *III. Rezeptions- und Wirkungsgeschichte*

zählung als »eine Naturschilderung, welche nur dem Besten
vergleichbar« sei (zit. nach: Hauschild, S. 254), und lobt ein
anonymer amerikanischer Rezensent in der New Yorker *Na-
tion* (31. März 1881, S. 224 f.) das Erzählfragment als »a ma-
sterly delineation of the mental sufferings of the unhappy
young poet [...]. The descriptions of nature in this fragment
are truly poetical« (zit. nach: Hauschild, S. 255).

Ausführlicher und differenzierter geht nur GEORG ZIMMER-
MANN (1814–81), ein Darmstädter Schulfreund Büchners, auf
den *Lenz* ein (in der Beilage 143 zur *Allgemeinen Zeitung*
vom 22. Mai 1880, S. 2083): er sei zwar »reich und tief in der
psychologischen Auffassung«, »eindringlich« und »unwider-
stehlich« in der Sprache, aber so, »wie das Fragment vor uns
liegt«, nämlich arm »an äußerlicher Handlung«, wirke es
»trübselig und niederdrückend; vielleicht hätte sich bei der
Fortsetzung und Vollendung des Werkes die Verstimmung in
Harmonie aufgelöst« (zit. nach: Hauschild, S. 249).

Der durch die Büchner-Ausgabe von 1879 ausgelöste Rezeptionsschub hat sich offenbar auch auf die zahlreichen,
»etwa zwei Dutzend Literaturgeschichten aus dem letzten
Viertel des 19. Jahrhunderts« ausgewirkt (Hauschild, S. 256),
in denen Büchner nun häufiger Erwähnung findet, wenn er
auch hier zumeist noch immer einseitig als ›Revolutionsdich-
ter‹, d. h. als »Dichter von ›Dantons Tod‹« behandelt wird
(vgl. Hauschild, S. 256–265). Von den wenigen Büchners
*Lenz* berücksichtigenden Literaturgeschichten dieser Zeit sei
hier *Die deutsche Litteratur des neunzehnten Jahrhunderts*
(Berlin 1900) von RICHARD M. MEYER (1860–1914) besonders
hervorgehoben. Welche Bedeutung Meyer dem Erzählfragment beimißt, zeigt sich schon daran, daß er seine Würdigung
der poetischen Werke Büchners, den er als den »ersten konse-
quenten Realisten« der deutschen Literatur tituliert, mit einer
recht eingehenden Betrachtung der Erzählung *Lenz* beginnt,
die Meyer den anderen Werken Büchners vorzuziehen
scheint:

»Er [Büchner] hat ein Novellenfragment ›Lenz‹ (1836) hinterlassen. Mit größter Feinheit schildert er hier, wie sich in

## 1. Frühe Rezeptionsgeschichte (1839–1900)    103

jenem unglücklichen Dichter, der den verkannten Genies ein
Heros zu werden begann, der Wahnsinn entwickelt. Die
wechselnden Lebenszustände, die Einwirkungen von Licht
und Dunkel, Ruhe und Anregung, freundlicher Behandlung
und herrischen Aufforderungen wurden mit unnachahmlicher
Sicherheit geschildert. – Lenz wird ihm aber zugleich ein Ty-
pus des rechten Dichters überhaupt, und ihm legt er seine
charakteristische Kunstlehre in den Mund. Besser [als im
Kunstgespräch des *Lenz*] ist das Dogma des Realismus niemals formuliert worden.« (S. 167).
Die Untersuchung der Rezeptionsgeschichte des *Lenz* muß
hier abgebrochen werden, weil mit der Jahrhundertwende die
Büchner- und damit die *Lenz*-Rezeption in eine quantitativ
und »qualitativ neue Phase« tritt. »Nun erweitern sich auch
die Medien der Rezeption: Dominierten bis dahin die publi-
zistischen Textsorten, so kommen jetzt auch selbständige Ver-
öffentlichungen hinzu.« (Hauschild, S. 15.) In den ersten beiden Jahrzehnten unseres Jahrhunderts beginnt die eigentliche
Rezeption Büchners durch das Theater; erscheinen zahlreiche
Einzelausgaben (zumeist in populären Buchreihen wie in der
Insel-Bücherei oder in Reclams Universal-Bibliothek) und
mehrere Sammelausgaben, darunter 1909 Paul Landaus weit-
verbreitete Büchner-Ausgabe (*Gesammelte Schriften*, Berlin
1909), die für die expressionistische Generation ebenso wichtig war wie Franzos' Büchner-Edition für die naturalistische
und mit der man übrigens den Beginn der wissenschaftlichen
*Lenz*-Forschung ansetzen kann (Landau weist erstmals in
der Büchner-Literatur auf die Hauptquelle zum *Lenz*, den
Oberlin-Bericht hin, den er im zweiten Band seiner Büchner-
Ausgabe im Anschluß an den *Lenz* vollständig abdruckt);
werden in Zeitungen, Zeitschriften und anderen Periodika
unzählige, bibliographisch bisher kaum erfaßte Büchner-
Artikel (Aufsätze, Porträts, Essays, Skizzen) veröffentlicht,
mit einem deutlichen Anstieg im Jahr 1913 anläßlich des
100. Geburtstags des Autors – kurz: in den ersten Jahrzehnten
dieses Jahrhunderts, besonders im expressionistischen, »beginnt sich eine wirkliche Breitenrezeption« Büchners »abzu-

104  *III. Rezeptions- und Wirkungsgeschichte*

zeichnen« (Hauschild, S. 15), in deren weiterem Verlauf Büchner allmählich zu einem Autor weltliterarischen Rangs avancierte.

Da die wahrscheinlich in die Tausende gehenden Rezeptionsbelege zum *Lenz* bibliographisch bisher nicht ermittelt worden sind (vollständig auch wohl nicht erfaßt werden können) und eine umfassende Dokumentation der *Lenz*-Rezeption im 20. Jahrhundert bisher nicht vorliegt (Goltschnigg bietet an Materialien zur Rezeptionsgeschichte des *Lenz* nur eine relativ kleine Auswahl), ist es im Rahmen dieser Publikationsreihe nicht möglich, die Rezeptionsgeschichte des *Lenz* im 20. Jahrhundert weiterzuverfolgen.

Eine eigene Sparte innerhalb der Rezeptionsgeschichte des *Lenz* stellt seine mittlerweile knapp achtzigjährige Forschungsgeschichte dar. Sie beginnt – wie oben erwähnt – mit Paul Landaus *Lenz*-Kapitel in seiner Abhandlung über »Georg Büchners Leben und Werke« im ersten Band der Büchner-Ausgabe von 1909 (S. 104–123); sie wird in den zwanziger und dreißiger Jahren von Kurt Voss (1922), Hermann Pongs (1935) und Karl Viëtor (1937) weitergeschrieben; sie weist in den vierziger Jahren keine Arbeiten auf; sie setzt in den fünfziger Jahren mit den *Lenz*-Interpretationen Albrecht Schönes (1952) und Gerhart Baumanns (1958) nur recht zögernd wieder ein; sie erlebt in den sechziger Jahren zahlen- und qualitätsmäßig einen deutlichen Aufschwung, an dem unter anderen Benno von Wiese (1962), Herbert Fellmann (1963), Heinz Peter Pütz (1965) und Peter Hasubek (1969) beteiligt sind; und sie macht in den letzten zwanzig Jahren (1976–1995) mit rund hundert *Lenz*-Titeln (*Lenz*-Kapitel in Büchner-Monographien und Untersuchungen zur literarischen Wirkung des *Lenz* nicht mitgerechnet) ihre bisher weitaus produktivste Phase durch. Sowohl aus Platzgründen wie auch aufgrund der recht defizitären Forschungslage – es existiert bislang lediglich ein selektiv verfahrender Forschungsbericht zu Büchners *Lenz* (vgl. Thorn-Prikker, 1981), in dem einige ausgewählte *Lenz*-Untersuchungen unter einem bestimmten Aspekt behandelt werden – müssen wir hier darauf

## 1. Frühe Rezeptionsgeschichte (1839–1900)

*Pfarrer Oberlins Haus im Steintal. Um 1840*

verzichten, die Forschungsgeschichte des *Lenz* durch längere Zitate zu dokumentieren. Um dieses Manko wenigstens teilweise zu beheben, werden in Kapitel IV (»Texte zur Diskussion«) einige Thesen, Tendenzen und Positionen der Sekundärliteratur zum *Lenz* vorgestellt und in den Literaturhinweisen die relevanten Titel der *Lenz*-Literatur möglichst vollständig verzeichnet.

## 2. Wirkungsgeschichte

Die Wirkungsgeschichte des *Lenz* – unter »Wirkung« wird hier mit Goltschnigg, wie bereits erwähnt (s. S. 88 Anm. 1), der »direkte produktive Einfluß eines Werkes auf ein anderes« verstanden – beginnt vor etwa hundert Jahren (1886–90) mit Gerhart Hauptmann; sie reicht in fast ununterbrochener Kontinuität bis in unsere Zeit, bis zur Lenz-Novelle von Gert Hofmann (1980/81) und zu den Lenz-Theaterstücken von Heinz Joachim Klein (1984) und Jürg Amann (1984), den vorläufig letzten Wirkungsdokumenten; und sie wird solange unvermindert andauern, wie sich Schriftsteller für das – möglicherweise noch gravierender werdende – Problem der Entfremdung des Menschen von sich selbst, von der Natur und der Gesellschaft bzw. Gemeinschaft interessieren.

Da die meisten der im folgenden angesprochenen längeren Prosa- und Dramentexte in relativ preiswerten Taschenbuchausgaben vorliegen (Hauptmann, Heym, Hofmannsthal, Schneider, Hofmann, Amann) und da es vor allem äußerst problematisch ist, von Büchners *Lenz* besonders stark beeinflußte Passagen aus dem jeweiligen Textganzen herauszulösen, ohne nähere Angabe des jeweiligen Kontextes zu zitieren und isoliert zu betrachten, werden hier keine Auszüge aus den umfangreicheren literarischen Wirkungszeugnissen gegeben. Die kurzen Prosastücke von Walser, Trakl und Celan sowie die Lenz-Gedichte von Huchel und Bobrowski werden dagegen ungekürzt zitiert.

GERHART HAUPTMANN (1862–1946) spielt in der Wirkungsgeschichte des *Lenz* eine herausragende Rolle. Denn mit ihm beginnt nicht nur die produktive *Lenz*-Rezeption, sondern er hat mit einer seiner »novellistischen Studien«, dem *Bahnwärter Thiel*, zugleich auch ein bedeutendes literarisches Zeugnis einer selbständigen, kreativen *Lenz*-Nachfolge vorgelegt, das – wie Büchners *Lenz* – inzwischen als eine der klassischen Erzählungen der deutschen Literatur gilt. Hauptmann ist Ende 1886 in Hamburg oder Anfang 1887 in Erkner (einem

## 2. Wirkungsgeschichte

etwa 30 km südöstlich von Berlin gelegenen Ort) durch die
Franzos-Ausgabe (1879) mit den Werken Büchners bekannt
geworden, die ihm »gewaltigen Eindruck« gemacht, ja, für
ihn »die Bedeutung von großen Entdeckungen« gehabt
haben, wie er in seiner Autobiographie *Das Abenteuer meiner Jugend* (1937) besonders im Hinblick auf den *Lenz* und
den *Woyzeck* bekannte.[16] Die erste Frucht seiner intensiven
Beschäftigung mit Büchners Werk war ein »Vortrag über
Georg Büchner«, den Hauptmann am 17. Juni 1887 vor dem
literarischen Verein »Durch!« in Berlin hielt und in dessen
Verlauf er »einige Stellen aus Büchners Dichtungen« rezi-
tierte, »zunächst aus dem Novellenfragment ›Lenz‹, alsdann
einige Szenen aus ›Dantons Tod‹«.[17] Im Jahr seines exzessi-
ven Büchner-Kults, 1887, hat Hauptmann seine ersten
Erzählungen, *Fasching* (Erstdr.: 1887) und *Bahnwärter Thiel*
(Erstdr.: 1888), niedergeschrieben, in denen Büchner- und
Hauptmann-Forscher – ebenso wie in der 1890 entstandenen
und erstveröffentlichten novellistischen Studie *Der Apostel* –
eine Vielzahl und Vielfalt von Wirkungsspuren (themati-
scher, sprachlicher, erzähltechnischer und stilistischer Art)
aus Büchners *Lenz* entdeckt haben. Ohne die »Identifika-
tion« Hauptmanns »mit dem Werk Büchners« wäre das Jahr
1887 »wohl nicht zum Wendepunkt seines Schaffens geworden« (Requardt/Machatzke, S. 91). Der starke Einfluß des
*Lenz* auf den *Bahnwärter Thiel* und den *Apostel* zeigt sich
thematisch vor allem daran, daß diese beiden »novellistischen
Studien« (dies der Untertitel der ersten Buchausgabe, in der
die beiden Erzählungen 1892 gemeinsam erschienen) poetische Fallstudien und Darstellungen des progressiven Wahnsinns mit den Mitteln einer an Büchners *Lenz* geschulten
Sprach-, Erzähl-, Beschreibungs- und Imaginationskunst
sind.

16 Gerhart Hauptmann, *Sämtliche Werke*, hrsg. von Hans-Egon Hass, Bd. 7:
   *Autobiographisches*, Frankfurt a. M. / Berlin 1962, S. 1061.
17 Zit. nach: Walter Requardt / Martin Machatzke, *Gerhart Hauptmann und
   Erkner. Studien zum Berliner Frühwerk*, Berlin 1980, S. 40. [Im folgenden
   zit. als: Requardt/Machatzke.]

108 *III. Rezeptions- und Wirkungsgeschichte*

Zu den *Lenz*-Einflüssen auf Hauptmanns frühe Erzählungen vgl.: Requardt/Machatzke, S. 89–91 (*Fasching*); H. Fischer, S. 41–61, Goltschnigg, 1975, S. 154–157, Post, S. 100–108 (*Bahnwärter Thiel*); Neuse, S. 199–201, Zeydel, S. 87 f., Goltschnigg, 1975, S. 159–161, Menke, S. 62–84 (*Der Apostel*).
Gerhart Hauptmann, *Fasching. Der Apostel*, Novellen, mit einem Nachw. von Karl S. Guthke, Stuttgart 1970 [u. ö.] (Reclams Universal-Bibliothek, 8362). – G. H., *Bahnwärter Thiel*, Novellistische Studie, Nachw. von Fritz Martini, Stuttgart 1982 [u. ö.] (Reclams Universal-Bibliothek, 6617).

ROBERT WALSER (1878–1956) hat eine ganze Reihe von literarischen Künstlerporträts verfaßt (über Lenz, Kleist, Brentano und andere), »die jeweils zu lebensgeschichtlich markanten Zeitpunkten« entstanden sind und die »neben den Charakterisierungen der historischen Persönlichkeiten auch immer Identifizierungsbestrebungen des Autors mit ihnen« zeigen (Menke, S. 91). In dem Prosastück *Büchners Flucht* (Erstdr. in: *Die Schaubühne* 8, 1912, Bd. 2, S. 174) gelingt es Walser, »den ganzen Stimmungs- und Reflexionshorizont Büchners in komprimiertester Form [...] einzufangen. Die Technik, das Seelenleben in die Natur zu projizieren, ist deutlich der *Lenz*-Novelle nachempfunden. [...] Walsers knappes, dichtes Prosastück, das sprunghaft in einem Anlauf vom Anfang bis zum Ende hastet, spiegelt eindrucksvoll zugleich Kürze, Tempo und Fülle von Büchners Leben.« (Goltschnigg, 1975, S. 105.)

## Büchners Flucht

In der und der geheimnisvollen Nacht, durchzuckt von der häßlichen und entsetzlichen Furcht, durch die Häscher der Polizei arretiert zu werden, entwischte Georg Büchner, der hellblitzende jugendliche Stern am Himmel der deutschen Dichtkunst, den Roheiten, Dummheiten und Gewalttätigkeiten des politischen Gaukelspiels. In der nervösen Eile, die ihn beseelte, um schleunigst fortzukommen, steckte er das Manuskript von »Dantons Tod« in die Tasche seines weitschweifigen, kühn geschnittenen Studentenrockes, aus wel-

## 2. Wirkungsgeschichte

cher es weißlich hervorblitzte. Sturm und Drang fluteten, einem breiten königlichen Strom ähnlich, durch seine Seele; und eine vorher nie gekannte und geahnte Freude bemächtigte sich seines Wesens, als er, indem er mit raschen und großen Schritten auf der mondbeglänzten Landstraße dahinschritt, das weite Land offen vor sich daliegen sah, das die Mitternacht mit ihren großherzigen, wollüstigen Armen umarmte. Deutschland lag sinnlich und natürlich vor ihm, und es fielen dem edlen Jüngling unwillkürlich einige alte schöne Volkslieder ein, deren Wortlaut und Melodie er laut vor sich hersang, als sei er ein unbefangener, munterer Schneider- oder Schustergeselle, befindlich auf nächtlicher Handwerkswanderung. Von Zeit zu Zeit griff er mit der schlanken feinen Hand nach dem dramatischen, nachmals berühmt gewordenen Kunstwerk in der Tasche, um sich zu überzeugen, daß es noch da sei. Und es war noch da, und ein fröhliches, lustsprudelndes Gewaltiges überkam und überrieselte ihn, daß er sich in der Freiheit befand, eben da er in das Kerkerloch des Tyrannen hatte wandern sollen. Schwarze, große, wildzerrissene Wolken verdeckten oft den Mond, als wollten sie ihn einkerkern, oder als wollten sie ihn erdrosseln, aber stets wieder trat er, gleich einem schönen Kind mit neugierigen Augen, aus der Umfinsterung an die Hoheit und an die Freiheit hervor, Strahlen auf die stille Welt niederwerfend. Büchner hätte sich vor lauter wilder, süßer Flüchtlingslust auf die Knie an die Erde werfen und zu Gott beten mögen, doch er tat das in seinen Gedanken ab, und so schnell er laufen konnte, lief er vorwärts, hinter sich das erlebte Gewaltige und vor sich das unbekannte, noch unerlebte Gewaltige, das ihm zu erleben bevorstand. So lief er, und Wind wehte ihm in das schöne Gesicht.

Robert Walser: Das Gesamtwerk. Hrsg. von Jochen Greven. Bd. 1. Zürich / Frankfurt a. M.: Suhrkamp, 1978. S. 328 f. – © Suhrkamp Verlag Zürich/ Frankfurt 1978.

110                    III. Rezeptions- und Wirkungsgeschichte

Von den Expressionisten hat kaum ein anderer Büchner so
sehr verehrt, ja vergöttert wie GEORG HEYM (1887–1912).
Am 29. Januar 1909 – Paul Landaus zweibändige Büchner-
Ausgabe von 1909 war offenbar gerade erschienen – schrieb
Heym in sein Tagebuch: »Georg Büchner erhalten und einen
neuen Gott zu Grabbe auf den Altar gestellt.« Wirkungsspuren des *Lenz* hat man in Heyms Werk bisher vor allem in der
1911 entstandenen Erzählung *Der Irre* gefunden, die 1913 in
dem Nachlaßband *Der Dieb. Ein Novellenbuch* veröffentlicht wurde. Wie Büchners Erzählung ist Heyms Novelle
»eine psychologische Studie«, in der »die bekannten psycho-
pathologischen Symptome« wie »Bewußtseinsspaltung und
Depressionen, Einsamkeitsgefühl und Zwangsvorstellungen,
Desintegration und Klaustrophobie, abrupter Wechsel von
Ruhe und Bewegung« (Goltschnigg, 1975, S. 173) gestaltet
werden. Schlüssiger als bei diesen verbreiteten Krankheits-
symptomen, für deren Darstellung es in der Literatur zahlreiche Vorbilder gibt, läßt sich der Einfluß des *Lenz* auf den
*Irren* bei zwei ungewöhnlichen Handlungen bzw. auffälligen
Motiven nachweisen: bei dem in göttlicher Schöpferpose
unternommenen Versuch des Irren, die beiden von ihm zu
Tode geschlagenen Kinder »wieder zum Leben« zu bringen,
ein Versuch, der wie der entsprechende von Lenz mit dem
toten Kind aus Fouday zum Scheitern verurteilt ist, sowie
beim Motiv des Badens – der Irre badet im Wasser eines
Weihers, um sich zu beruhigen –, zu dem Heym wahrscheinlich durch Lenzens Baden im Brunnen angeregt wurde. Der
Einfluß des *Lenz* auf Heyms Novelle macht sich außerdem in
der häufigen Verwendung der ›erlebten Rede‹ bemerkbar,
einer modernen Form der Personenrede, für die es im *Lenz*
mit die frühesten Belege in der deutschen Erzählliteratur gibt.

Zum Einfluß des *Lenz* auf Heyms Erzählung vgl. Blunden, S. 112 ff.
und Goltschnigg, 1975, S. 173–175.
Georg Heym, *Der Irre*, in: *Prosa des Expressionismus*, hrsg. von Fritz
Martini, Stuttgart 1970 [u. ö.] (Reclams Universal-Bibliothek, 8379
[4], S. 140–155.

## 2. Wirkungsgeschichte

GEORG TRAKLS (1887–1914) Prosagedicht *Traum und Umnachtung* (Erstdr. in: *Der Brenner* 4, 1914, H. 8/9, S. 358 bis 363) gehört nach Schier und Goltschnigg – nicht nur wegen der Thematik des Wahnsinns – in die Wirkungsgeschichte des *Lenz*. Wenn auch in Trakls Prosagedicht »kein einziges zusammenhängendes, halbwegs unversehrtes Zitat« (Goltschnigg, 1975, S. 204) aus dem *Lenz* nachzuweisen ist, so spricht doch nach Goltschnigg (1975, S. 200) »viel dafür, daß Trakl den [im folgenden zitierten] zweiten Abschnitt von ›Traum und Umnachtung‹ der Novelle ›Lenz‹ nachgestaltet hat«. Zur Stützung seiner These führt Goltschnigg einige Indizien an, darunter als »gewichtigstes Argument für die Abhängigkeit Trakls von Büchner« die »Tatsache, daß nahezu alle Teile des Motivgeflechts im zweiten Abschnitt von ›Traum und Umnachtung‹ auch in der Novelle ›Lenz‹ anzutreffen sind. [...] Darüber hinaus werden Struktur und Gehalt beider Dichtungen durch gleiche archetypische Schlüsselbegriffe geprägt« (Goltschnigg, 1975, S. 201): »Traum«, »Schatten«, »Dunkel«, »Finsternis«, »Nacht«, »Dämmerung«, »Mutter«, »Engel«, »Baum«, »Berg«, »Gipfel«, »Grab«, »Brunnen« und »Schrecken«. Das von Trakl in seinem Prosagedicht (und von Hofmannsthal im *Andreas*) praktizierte Verfahren, aus Büchners *Lenz* »verschiedenste Elemente, wie Wortmaterialien, Motivverflechtungen und Symptomenkomplexe«, zu entlehnen, zu paraphrasieren und »zu einem neuen Text« umzuformen, bezeichnet Goltschnigg (1975, S. 204) als »*schöpferische Paraphrasierung literarischen Lehnguts.*«

»Niemand liebte ihn. Sein Haupt verbrannte Lüge und Unzucht in dämmernden Zimmern. Das blaue Rauschen eines Frauengewandes ließ ihn zur Säule erstarren und in der Tür stand die nächtige Gestalt seiner Mutter. Zu seinen Häupten erhob sich der Schatten des Bösen. O, ihr Nächte und Sterne. Am Abend ging er mit dem Krüppel am Berge hin; auf eisigem Gipfel lag der rosige Glanz der Abendröte und sein Herz läutete leise in der Dämmerung. Schwer sanken die stürmischen Tannen über sie und der rote Jäger trat

# 112    III. Rezeptions- und Wirkungsgeschichte

aus dem Wald. Da es Nacht ward, zerbrach kristallen sein Herz und die Finsternis schlug seine Stirne. Unter kahlen Eichbäumen erwürgte er mit eisigen Händen eine wilde Katze. Klagend zur Rechten erschien die weiße Gestalt eines Engels, und es wuchs im Dunkel der Schatten des Krüppels. Er aber hob einen Stein und warf ihn nach jenem, daß er heulend floh, und seufzend verging im Schatten des Baums das sanfte Antlitz des Engels. Lange lag er auf steinigem Acker und sah staunend das goldene Zelt der Sterne. Von Fledermäusen gejagt, stürzte er fort ins Dunkel. Atemlos trat er ins verfallene Haus. Im Hof trank er, ein wildes Tier, von den blauen Wassern des Brunnens, bis ihn fror. Fiebernd saß er auf der eisigen Stiege, rasend gen Gott, daß er stürbe. O, das graue Antlitz des Schreckens, da er die runden Augen über einer Taube zerschnittener Kehle aufhob. Huschend über fremde Stiegen begegnete er einem Judenmädchen und er griff nach ihrem schwarzen Haar und er nahm ihren Mund. Feindliches folgte ihm durch finstere Gassen und sein Ohr zerriß ein eisernes Klirren. An herbstlichen Mauern folgte er, ein Mesnerknabe, stille dem schweigenden Priester; unter verdorrten Bäumen atmete er trunken den Scharlach jenes ehrwürdigen Gewands. O, die verfallene Scheibe der Sonne. Süße Martern verzehrten sein Fleisch. In einem veröteten Durchhaus erschien ihm starrend von Unrat seine blutende Gestalt. Tiefer liebte er die erhabenen Werke des Steins; den Turm, der mit höllischen Fratzen nächtlich den blauen Sternenhimmel stürmt; das kühle Grab, darin des Menschen feuriges Herz bewahrt ist. Weh, der unsäglichen Schuld, die jenes kundtut. Aber da er Glühendes sinnend den herbstlichen Fluß hinabging unter kahlen Bäumen hin, erschien in härenem Mantel ihm, ein flammender Dämon, die Schwester. Beim Erwachen erloschen zu ihren Häuptern die Sterne.«

> Georg Trakl: Werke, Entwürfe, Briefe. Hrsg. von Hans-Georg Kemper und Frank Rainer Max. Stuttgart: Reclam, 1984. (Universal-Bibliothek. 8251[4].) S. 96 f.

## 2. Wirkungsgeschichte

HUGO VON HOFMANNSTHAL (1874–1929) hat in seine 1912 erschienene Sammlung *Deutsche Erzähler* (Ausgew. und eingel. von H. v. H., 4 Bde., Leipzig 1912) Büchners *Lenz* aufgenommen. Spätestens seit 1912 muß er also den *Lenz* gut gekannt haben; in seiner Bibliothek befand sich Paul Landaus Büchner-Ausgabe von 1909. In dieser Zeit einer intensiveren Beschäftigung mit der *Lenz*-Erzählung, genauer: in den Monaten September und Oktober 1912 sowie im Juli und August 1913 hat Hofmannsthal die Anfangskapitel, d. h. die ausgeführten Teile (nicht die späteren Aufzeichnungen und Entwürfe) seines nachgelassenen Romanfragments *Andreas oder Die Vereinigten* niedergeschrieben (Erstdr. in: *Corona* 1, 1930; erste Buchausg.: Berlin 1932). Den starken Einfluß des *Lenz* auf die ausgeführten Anfangskapitel des *Andreas*, insbesondere auf das sogenannte Finazzer-Kapitel, haben Gerhart Baumann (1961, S. 141 f.) und Dietmar Goltschnigg (1975, S. 189–194) nachgewiesen. »Hofmannsthals Abhängigkeit von Büchner« reicht nach Goltschnigg (1975, S. 191) »bis in einzelne Wendungen, in Ton und Rhythmus, in die Vorliebe für Parataxe und Nominalphrase«. Darüber hinaus sind es laut Goltschnigg (1975, S. 192 f.) »nicht nur die gleichen Symptomenkomplexe« (»Welt- und Bewußtseinsspaltung, Amnesie und Sprachverlust, Desintegration und Depression, Weltekel und Weltflucht, Existenzangst und Gefühl der Leere«), »sondern auch die gleichen Stilmittel, in denen sich die psychische Zerrissenheit von Lenz und Andreas manifestiert«. Die Auswirkungen des *Lenz* auf den *Andreas* kann man gut beobachten, wenn man die Eingangsszenen des Finazzer-Kapitels mit den entsprechenden der *Lenz*-Erzählung vergleicht (Ritt bzw. Gang der Titelfiguren durch die Gebirgslandschaft und ihr Eintritt in die Stube des Bauernhofes bzw. Pfarrhauses).

Hugo von Hofmannsthal, *Andreas oder Die Vereinigten*, in H. v. H., *Gesammelte Werke in zehn Einzelbänden*, hrsg. von Bernd Schoeller in Beratung mit Rudolf Hirsch, *Erzählungen – Erfundene Gespräche und Briefe – Reisen*, Frankfurt a. M. 1979 (Fischer Taschenbuch, 2165), S. 198 ff.

114 III. Rezeptions- und Wirkungsgeschichte

PETER HUCHEL (1903–81) hat eines der ersten *Lenz*-Gedichte geschrieben, nicht auf den historischen Sturm-und-Drang-Dichter, sondern – schon das Motto des Gedichts deutet darauf hin – auf Büchners fiktive Lenz-Figur. Wie die kombinierte Datierung/Lokalisierung (»Straßburg/Paris 1927«) im Anschluß an den Text zeigt, ist das *Lenz* überschriebene Gedicht 1927 während Huchels Aufenthalt in Frankreich (1926–28) entstanden, angeregt offenbar durch eine Reise des Dichters nach Straßburg. Das frühe Gedicht, »das Büchners Novelle zum Kristall verdichtet«,[18] wurde zum ersten Mal veröffentlicht in *Sinn und Form* 9 (1957) S. 1039–1041.

Lenz

*So lebte er hin ...*
Büchner

Nachthindurch, im Frost der Kammer,
wenn die Pfarre unten schlief,
blies ins Kerzenlicht der Jammer,
schrieb er stöhnend Brief um Brief,
wirre Schreie an die Braut –
　　Lenz, dich ließ die Welt allein!
　　Und du weißt es und dir graut:
　　Was die alten Truhen bergen
　　an zerbrochenem Gepränge,
　　was an Rosen liegt auf Särgen,
　　diese Botschaft ist noch dein.
　　Kalter Kelch und Abendmahl.
　　Und der Gassen trübe Enge.
　　Und die Schelle am Spital.

Jungfräulicher Morgenhimmel,
Potentaten hoch zu Roß,
Kutschen, goldgeschirrte Schimmel,

18 Gert Kalow, »Das Gleichnis oder Der Zeuge wider Willen. Über ein Gedicht von Peter Huchel«, in: *Hommage für Peter Huchel. Zum 3. April 1968*, hrsg. von Otto F. Best, München 1968, S. 82.

## 2. Wirkungsgeschichte

Staub der Hufe schluckt der Troß.
Und die Dame schwingt den Fächer.
Und den Stock schwingt der Profoß.
Kirchen, Klöster, steile Dächer,
Mauerring um Markt und Maut.
Schwarz von Dohlen überflogen
Postenruf und Orgellaut.
Im Gewölb, im spitzen Bogen,
stehen sie, in Stein gehauen,
die durch Glorie gezogen,
Landesherren, Fürstenfrauen.
Doch kein Wappen zeigt die Taten:
Hoffart, Pracht und Üppigkeit,
nicht den hinkenden Soldaten,
armes Volk der Christenheit
und das Korn, von Blut betaut –
    Lenz, du mußt es niederschreiben,
    was sich in der Kehle staut:
    Wie sie's auf der Erde treiben
    mit der Rute, mit der Pflicht.
    Asche in dem Feuer bleiben
    war dein Amt, dein Auftrag nicht.

Oh, des Frühjahrs Stundenschläge!
Dünn vom Münster das Geläut.
Durch den Wingert grüne Wege,
wo der Winzer Krume streut.
Auch der Büßer geht im Licht.
Und die schwarzverhüllte Nonne
mit dem knochigen Gesicht
spürt im Kreuzgang mild die Sonne.
Und der Pappeln kühles Schweben
in der Teiche weißem Rauch,
ist es nicht das schöne Leben,
diese Knospe, dieser Strauch?
Im Gehölz, vom Wind erhellt,

schulternackt der Nymphen Gruppe,
und ein Lachen weht vom Fluß –
   Doch wer atmet rein die Welt,
   wenn er seine Bettelsuppe
   täglich furchtsam löffeln muß!
   Lenz, du weißt es und dir graut:
   Wer sich windet, wer sich beugt,
   wer den Lauch der Armut kaut,
   ist wie für die Nacht gezeugt.


Horch hinaus in Nacht und Wind!
Wirre Schreie, hohle Stimmen.
Feuer in den Felsen glimmen.
In Fouday blickt starr das Kind.
Bei des Kienspans trübem Blaken
und beräuntem Zauberkraut
liegt es auf dem Totenlaken.
Und du weißt es und dir graut.
Schmerz dröhnt auf und schwemmt vom Chore
brennend in dein Wesen ein.
Von der ödesten Empore,
dringend durch die dickste Mauer
– gellend alle Pfeifen schrein –
braust die Orgel deiner Trauer.
Räudig Schaf, es hilft kein Beten!
Unter Tränen wirds dir sauer,
doch du mußt die Bälge treten,
daß es in den Pfeifen gellt –
   Lenz, dich friert an dieser Welt!
   Und du weißt es und dir graut.
   Gott hat dich zu arm bekleidet
   mit der staubgebornen Haut.
   Und der Mensch am Menschen leidet.

Straßburg/Paris 1927

        Peter Huchel: Die Sternenreuse. Gedichte 1925
        bis 1947. München: Piper, 1967. S. 46–48. – © R.
        Piper & Co. Verlag, München 1967.

## 2. Wirkungsgeschichte

Welche Bedeutung die Erzählung *Lenz* für Peter Huchel hatte, dokumentiert außer dem *Lenz*-Gedicht auch sein früher Prosatext *Georg Büchners Lenz*, der erstmals veröffentlicht wurde in *Die literarische Welt* 9 (1933) Nr. 19, S. 3. Huchel hat seinen Text als Antwort auf eine Umfrage »Erinnerungen an Bücher« verfaßt, zu der die Redaktion der *Literarischen Welt* bemerkt: »Wir baten eine Anzahl Dichter und Schriftsteller, uns frei aus dem Gedächtnis eine Erinnerung an ein Buch zu schreiben, das ihnen besonders bedeutungsvoll für ihr Leben erscheint.«[19]

### Georg Büchners Lenz

Immer, wenn ich an ihn denke, sehe ich seinen Schatten im Gebirge umherschweifen. Ein spätes Herbstgewitter zieht herauf, aus den Wolken rollt der Donner, und der Wind fegt in den Zacken der Tannen. Die Nässe hängt schwer an seinen Kleidern, Steine lösen sich aus dem verschneiten Hang und poltern hinter ihm her. Manchmal hört er im Regen eine Stimme, die wegzuschweben scheint. Er irrt vom Weg ab und horcht in den Nebel hinein; nichts ist mehr zu hören, nur das Wasser sickert und der Schnee rauscht an den Felsen herab. Dann geht er wieder langsamer, genau auf die ersten Blitze achtend, die das Gewölk zerreißen; dabei spürt er das Feuer unter der Erde, das Kochen der Metalle, das Dampfen des Wassers, das aus der grollenden Tiefe steigt. Über ihm liegt der Sturm schwer in den Bäumen, die Luft hängt voll Schwefel, ein Ast peitscht den andern. Wohin er sich wendet, er hat das Gefühl, auf dem Kopf durch den Nebel zu schwimmen. Er klettert im Rauch der Schlucht und dann hinauf die Wand, so weit er blickt, nichts als grauer Himmel, der naß an den Steinen klebt. Er legt sich hinter einen Felsen, endlich kann er atmen, die Nässe strömt in ihn hinein, der Wind huscht mit grauen Stößen über die Lachen, und er fühlt, wie sein Zittern ins Wasser überläuft.
Im Schatten des Regens steigt er ins Dorf hinab, mit hängen-

---

19  Zit. nach: Peter Huchel, *Gesammelte Werke in zwei Bänden*, hrsg. von Axel Vieregg, Bd. 2: *Vermischte Schriften*, Frankfurt a. M. 1984, S. 426.

den Armen, er streicht um die Hütten herum, die Angst wird immer größer. Das Gesicht voll Asche, einen Sack über die Kleider gezogen, der gegen sein Knie flattert, so sieht ihn ein Mädchen, das hinter den Zaun flieht. Er geht die dunkle Straße hinunter, dann kommt der Friedhof, das Tor steht offen; im flimmernden Schneelicht, wie geschaufelt unter den Kreuzen, liegen einige Hügel, die der Sturm aufgewühlt hat, Tränen stürzen in seine Augen, als der Schatten seiner Mutter aus der Mauer tritt. Für einen Augenblick ist sie so nah, daß er den Duft ihrer Haare atmen kann. Aber er rührt sich nicht, aus Furcht, sie zu erschrecken. Als sie hinter den Steinen verschwindet, will er sie einholen. Da zerfließt der Nebel, und nur ein Geruch von Moder und Kränzen schwebt über den Schnee.

Im Pfarrhaus ist noch Licht; es macht ihn froh, daß Oberlin auf ihn wartet. Er tritt ins Zimmer, und das Dunkle fällt von ihm ab. Er blickt in den runden, weißen Fleck, den die Lampe auf den Tisch wirft; eine vertraute Stimme antwortet, wenn er nach seinen Straßburger Freunden fragt. Aber plötzlich spürt er wieder die Kälte im Kopf, die alle Dinge langsam ins Leere und Graue rückt. Er kann an nichts denken und findet nicht mehr zu seinen Worten zurück. Er wirft die Arme über den Tisch, sein Kopf sinkt vor, und er weint. Dann sitzt er zusammengekauert auf dem Bett, noch halb angezogen, oben in der Kammer. Der Mond glänzt hinein, naß und kalt. Er fühlt, wie die Angst wiederkommt, sie hält an, und der Schweiß rinnt über seinen Rücken. Die Stille beunruhigt ihn, sie liegt nur wie Watte in den Ohren, er weiß, daß in Wirklichkeit die Luft von Schreien widerhallt. Er läuft die Treppe hinunter. Die Magd hört ein klatschendes Geräusch im Hof und öffnet erschreckt das Fenster. Aus dem Brunnentrog, erschöpft und am ganzen Körper zitternd, steigt ein Mensch in die Nacht, der über den Hof rennt und Friederike ruft.

> Peter Huchel: Gesammelte Werke in zwei Bänden. Hrsg. von Axel Vieregg. Bd. 2: Vermischte Schriften. Frankfurt a. M.: Suhrkamp, 1984. S. 252 f. – © Suhrkamp Verlag Frankfurt am Main 1984.

## 2. Wirkungsgeschichte

Für PAUL CELANS (1920–70) Prosastück *Gespräch im Gebirg*, das im »August 1959« niedergeschrieben und 1960 in Heft 2 der *Neuen Rundschau* veröffentlicht wurde, ist Büchners *Lenz* mit seinem kurzen Anfangssatz ein wichtiger Entstehungsimpuls gewesen. In der Büchner-Preis-Rede vom Oktober 1960 bemerkt Celan zum äußeren Anlaß seines Prosastücks: »vor einem Jahr, in Erinnerung an eine versäumte Begegnung im Engadin, brachte ich eine kleine Geschichte zu Papier, in der ich einen Menschen ›wie Lenz‹ durchs Gebirg gehen ließ« (Büchner-Preis-Reden 1951–1971, S. 100). Wie sich schon an einigen – beiden Texten gemeinsamen – Schlüsselwörtern wie »Gespräch«, »Begegnung« bzw. »begegnen« ablesen läßt, gehören die Preisrede und das Prosastück nicht nur entstehungsgeschichtlich, sondern auch thematisch und poetologisch eng zusammen: in beiden Texten geht es um das dialogische Prinzip, einen Lieblingsgedanken Paul Celans.

### Gespräch im Gebirg

Eines Abends, die Sonne, und nicht nur sie, war untergegangen, da ging, trat aus seinem Häusel und ging der Jud, der Jud und Sohn eines Juden, und mit ihm ging sein Name, der unaussprechliche, ging und kam, kam dahergezockelt, ließ sich hören, kam am Stock, kam über den Stein, hörst du mich, du hörst mich, ich bins, ich, ich und der, den du hörst, zu hören vermeinst, ich und der andre, – er ging also, das war zu hören, ging eines Abends, da einiges untergegangen war, ging unterm Gewölk, ging im Schatten, dem eignen und dem fremden – denn der Jud, du weißts, was hat er schon, das ihm auch wirklich gehört, das nicht geborgt wär, ausgeliehen und nicht zurückgegeben –, da ging er also und kam, kam daher auf der Straße, der schönen, der unvergleichlichen, ging, wie Lenz, durchs Gebirg, er, den man hatte wohnen lassen unten, wo er hingehört, in den Niederungen, er, der Jud, kam und kam.

Kam, ja, auf der Straße daher, der schönen.

Und wer, denkst du, kam ihm entgegen? Entgegen kam ihm sein Vetter, sein Vetter und Geschwisterkind, der um ein

*III. Rezeptions- und Wirkungsgeschichte*

Viertel Judenleben ältre, groß kam er daher, kam, auch er, in dem Schatten, dem geborgten – denn welcher, so frag und frag ich, kommt, da Gott ihn hat einen Juden sein lassen, daher mit Eignem? –, kam, kam groß, kam dem andern entgegen, Groß kam auf Klein zu, und Klein, der Jude, hieß seinen Stock schweigen vor dem Stock des Juden Groß.

So schwieg auch der Stein, und es war still im Gebirg, wo sie gingen, der und jener.

Still wars also, still dort oben im Gebirg. Nicht lang wars still, denn wenn der Jud daherkommt und begegnet einem zweiten, dann ists bald vorbei mit dem Schweigen, auch im Gebirg. Denn der Jud und die Natur, das ist zweierlei, immer noch, auch heute, auch hier.

Da stehn sie also, die Geschwisterkinder, links blüht der Türkenbund, blüht wild, blüht wie nirgends, und rechts, da steht die Rapunzel, und Dianthus superbus, die Prachtnelke, steht nicht weit davon, Aber sie, die Geschwisterkinder, sie haben, Gott sei's geklagt, keine Augen. Genauer: sie haben, auch sie, Augen, aber da hängt ein Schleier davor, nicht davor, nein, dahinter, ein beweglicher Schleier; kaum tritt ein Bild ein, so bleibts hängen im Geweb, und schon ist ein Faden zur Stelle, der sich da spinnt, sich herumspinnt ums Bild, ein Schleierfaden; spinnt sich ums Bild herum und zeugt ein Kind mit ihm, halb Bild und halb Schleier.

Armer Türkenbund, arme Rapunzel! Da stehn sie, die Geschwisterkinder, auf einer Straße stehn sie im Gebirg, es schweigt der Stock, es schweigt der Stein, und das Schweigen ist kein Schweigen, kein Wort ist da verstummt und kein Satz, eine Pause ists bloß, eine Wortlücke ists, eine Leerstelle ists, du siehst alle Silben umherstehn; Zunge sind sie und Mund, diese beiden, wie zuvor, und in den Augen hängt ihnen der Schleier, und ihr, ihr armen, ihr steht nicht und blüht nicht, ihr seid nicht vorhanden, und der Juli ist kein Juli.

Die Geschwätzigen! Haben sich, auch jetzt, da die Zunge blöd gegen die Zähne stößt und die Lippe sich nicht ründet, etwas zu sagen! Gut, laß sie reden ...

»Bist gekommen von weit, bist gekommen hierher ...«

## 2. Wirkungsgeschichte

»Bin ich. Bin ich gekommen wie du.«

»Weiß ich.«

»Weißt du. Weißt du und siehst: Es hat sich die Erde gefaltet
hier oben, hat sich gefaltet einmal und zweimal und dreimal,
und hat sich aufgetan in der Mitte, und in der Mitte steht ein
Wasser, und das Wasser ist grün, und das Grüne ist weiß, und
das Weiße kommt von noch weiter oben, kommt von den
Gletschern, man könnte, aber man solls nicht, sagen, das ist
die Sprache, die hier gilt, das Grüne mit dem Weißen drin,
eine Sprache, nicht für dich und nicht für mich – denn, frag
ich, für wen ist sie denn gedacht, die Erde, nicht für dich, sag
ich, ist sie gedacht, und nicht für mich –, eine Sprache, je nun,
ohne Ich und ohne Du, lauter Er, lauter Es, verstehst du,
lauter Sie, und nichts als das.«

»Versteh ich, versteh ich. Bin ja gekommen von weit, bin ja
gekommen wie du.«

»Weiß ich.«

»Weißt du und willst mich fragen: Und bist gekommen trotzdem, bist, trotzdem, gekommen hierher – warum und wozu?«

»Warum und wozu ... Weil ich hab reden müssen vielleicht,
zu mir oder zu dir, reden hab müssen mit dem Mund und mit
der Zunge und nicht nur mit dem Stock. Denn zu wem redet
er, der Stock? Er redet zum Stein, und der Stein – zu wem
redet der?«

»Zu wem, Geschwisterkind, soll er reden? Er redet nicht, er
spricht, und wer spricht, Geschwisterkind, der redet zu niemand, der spricht, weil niemand ihn hört, niemand und Niemand, und dann sagt er, er und nicht sein Mund und nicht
seine Zunge, sagt er und nur er: Hörst du?«

»Hörst du, sagt er – ich weiß, Geschwisterkind, ich weiß ...
Hörst du, sagt er, ich bin da. Ich bin da, ich bin hier, ich bin
gekommen. Gekommen mit dem Stock, ich und kein andrer,
ich und nicht er, ich mit meiner Stunde, der unverdienten,
ich, den's getroffen hat, ich, den's nicht getroffen hat, ich
mit dem Gedächtnis, ich, der Gedächtnisschwache, ich, ich,
ich ...«

122                 *III. Rezeptions- und Wirkungsgeschichte*

»Sagt er, sagt er ... Hörst du, sagt er ... Und Hörstdu,
gewiß, Hörstdu, der sagt nichts, der antwortet nicht, denn
Hörstdu, das ist der mit den Gletschern, der, der sich gefaltet
hat, dreimal, und nicht für die Menschen ... Der Grün-und-
Weiße dort, der mit dem Türkenbund, der mit der Rapunzel ... Aber ich, Geschwisterkind, ich, der ich da steh, auf
dieser Straße hier, auf die ich nicht hingehör, heute, jetzt,
da sie untergegangen ist, sie und ihr Licht, ich hier mit dem
Schatten, dem eignen und dem fremden, ich – ich, der ich dir
sagen kann:
Auf dem Stein bin ich gelegen, damals, du weißt, auf den
Steinfliesen; und neben mir, da sind sie gelegen, die andern,
die wie ich waren, die andern, die anders waren als ich und
genauso, die Geschwisterkinder; und sie lagen da und schliefen, schliefen und schliefen nicht, und sie träumten und
träumten nicht, und sie liebten mich nicht und ich liebte sie
nicht, denn ich war einer, und wer will Einen lieben, und sie
waren viele, mehr noch als da herumlagen um mich, und wer
will alle lieben können, und, ich verschweigs dir nicht, ich
liebte sie nicht, sie, die mich nicht lieben konnten, ich liebte
die Kerze, die da brannte, links im Winkel, ich liebte sie, weil
sie herunterbrannte, nicht weil *sie* herunterbrannte, denn *sie*,
das war ja *seine* Kerze, die Kerze, die er, der Vater unsrer
Mütter angezündet hatte, weil an jenem Abend ein Tag
begann, ein bestimmter, ein Tag, der der siebte war, der
siebte, auf den der erste folgen sollte, der siebte und nicht der
letzte, ich liebte, Geschwisterkind, nicht sie, ich liebte ihr
Herunterbrennen, und, weißt du, ich habe nichts mehr
geliebt seither;
nichts, nein; oder vielleicht das, was da herunterbrannte wie
jene Kerze an jenem Tag, am siebten und nicht am letzten;
nicht am letzten, nein, denn da bin ich ja, hier, auf dieser
Straße, von der sie sagen, daß sie schön ist, bin ich ja, hier,
beim Türkenbund und bei der Rapunzel, und hundert Schritt
weiter, da drüben, wo ich hinkann, da geht die Lärche zur
Zirbelkiefer hinauf, ich seh's, ich seh es und seh's nicht, und
mein Stock, der hat gesprochen, hat gesprochen zum Stein,

## 2. Wirkungsgeschichte

und mein Stock, der schweigt jetzt still, und der Stein, sagst
du, der kann sprechen, und in meinem Aug, da hängt der
Schleier, der bewegliche, da hängen die Schleier, die bewegli-
chen, da hast du den einen gelüpft, und da hängt schon der
zweite, und der Stern – denn ja, der steht jetzt überm Gebirg –, wenn er da hineinwill, so wird er Hochzeit halten
müssen und bald nicht mehr er sein, sondern halb Schleier
und halb Stern, und ich weiß, ich weiß, Geschwisterkind, ich
weiß, ich bin dir begegnet, hier, und geredet haben wir, viel,
und die Falten dort, du weißt, nicht für die Menschen sind sie
da und nicht für uns, die wir hier gingen und einander trafen,
wir hier unterm Stern, wir, die Juden, die da kamen, wie
Lenz, durchs Gebirg, du Groß und ich Klein, du, der
Geschwätzige, und ich, der Geschwätzige, wir mit den Stök-
ken, wir mit unsern Namen, den unaussprechlichen, wir mit
unserm Schatten, dem eignen und dem fremden, du hier und
ich hier –
– ich hier, ich; ich, der ich dir all das sagen kann, sagen hätt
können; der ich dirs nicht sag und nicht gesagt hab; ich mit
dem Türkenbund links, ich mit der Rapunzel, ich mit der
heruntergebrannten, der Kerze, ich mit dem Tag, ich mit den
Tagen, ich hier und ich dort, ich, begleitet vielleicht – jetzt! –
von der Liebe der Nichtgeliebten, ich auf dem Weg hier zu
mir, oben.«

August 1959

Paul Celan: Gesammelte Werke in fünf Bänden.
Hrsg. von Beda Allemann und Stefan Reichert.
Bd. 3: Gedichte III. Prosa. Reden. Frankfurt a. M.:
Suhrkamp, 1983. S. 169–173. – © Suhrkamp Verlag
Frankfurt am Main 1983.

Als eine Art Pendant zu Huchels *Lenz*-Gedicht ist das *J. R.
M. Lenz* betitelte Gedicht von JOHANNES BOBROWSKI
(1917–65) zu betrachten, der in Peter Huchel sein wichtigstes
literarisches Vorbild sah. Wie bereits der Titel – wenn auch
mit verdrehten Vornamen-Initialen (J. R. M. statt J. M. R.) –
signalisiert, ist Bobrowskis Lenz-Gedicht jedoch eher ein
Gedicht auf den historischen, aus Livland stammenden, auf

**124**                 *III. Rezeptions- und Wirkungsgeschichte*

einer Moskauer Straße gestorbenen Jakob Michael Reinhold
Lenz, den der Litauer Bobrowski wohl als eine Art Lands-
mann ansah, als ein Gedicht auf Büchners fiktiven Lenz, auf
den lediglich zu Beginn des Gedichts angespielt wird: »Das ist
der niedliche Lenz. / Geht durchs Gebirg.« Das Gedicht *J. R.
M. Lenz* wurde – nach den vom Autor stammenden Entste-
hungsdaten – am 9. August 1963 niedergeschrieben und 1967
in dem posthum erschienenen, vom Autor noch selbst
zusammengestellten Gedichtband *Wetterzeichen* veröffentlicht.

J. R. M. Lenz

»Schnurrpfeifer,
da red her!«

Das ist der niedliche Lenz.
Geht durchs Gebirg.
Liegt auf einer Straße
im zeitigen Frühjahr,
da verläuft sich das Wasser
in Moskau 1792,
da spitzt er nicht mehr
den Mund.

War einiges zu reden,
erinnere ich mich,
aber das ist geschehen,
denk ich, ich hör,
man hat es
gehört.

Daß die Hauslehrer
ein Pferd brauchen. Die Offiziers
auch irgend so etwas. Daß
der Winterhimmel herabfiel
im Monat Mai,
als jemand weggegangen
war, ich wußte nicht: wohin.

## 2. Wirkungsgeschichte

> Aber nicht reden
> jetzt.
> Es dröhnt, zu den Augen herein.
> Hinter Riga, der Stadt, ging der Himmel umher.
> Über den Petriturm,
> höher noch
> sprangen die Wasser.
>
> Johannes Bobrowski: Wetterzeichen. Gedichte.<br>Berlin: Wagenbach, 1967. S. 51.

Abgesehen von Büchners *Lenz* ist PETER SCHNEIDERS (geb. 1940) im Jahre 1973 erschienene Erzählung gleichen Titels die bekannteste der eine lange literarische Reihe bildenden *Lenz*-Erzählungen der deutschen Literatur. Bei Schneiders populärer Erzählung handelt es sich »um einen deutlich subjektiven«, verdeckt autobiographischen »Erfahrungsbericht über die Jahre der Studentenbewegung« (Pott, S. 96). Mit dem Titel und dem Motto (dazu dient ihm der sechste Satz aus Büchners *Lenz*) seiner Erzählung *Lenz* fordert Schneider den Vergleich mit Büchners Erzählfragment geradezu heraus. Wirkungsspuren des Büchnerschen *Lenz* sind bei Schneider nicht so sehr im Thematischen und Inhaltlichen (abgesehen von zwei »äußeren Handlungsparallelen«: beide Lenz-Figuren leiden »an einer unglücklichen Liebesbeziehung und einem Mutterkomplex«) als vielmehr im Stilistischen und Erzähltechnischen festzustellen (vgl. Goltschnigg, 1975, S. 274 ff.). Goltschnigg zeigt anhand der *Lenz*-Erzählung Schneiders, »daß sich umfangreiche, in ihrem Wortlaut unversehrte Textpassagen« aus Büchners *Lenz* »bruchlos in ein fast 140 Jahre später geschriebenes Werk integrieren lassen. Nichts könnte Büchners Wirkung auf die gegenwärtige Literatur, seine immerwährende Modernität überzeugender veranschaulichen!« (Goltschnigg, 1975, S. 279.)

Zum Einfluß des *Lenz* auf Schneiders gleichnamige Erzählung vgl. Goltschnigg, 1975, S. 273–279, sowie die Aufsätze von Aue, Pott, Sahlberg, Schneider und Shitahodo.

Peter Schneider, *Lenz*, Eine Erzählung, Berlin 1973.

126                          III. Rezeptions- und Wirkungsgeschichte

Peter Schneider hat 1979 einen Essay über Büchners *Lenz* verfaßt, der
erstmals am 13. Juli 1979 in der Wochenzeitung *Die Zeit* (Nr. 29,
S. 34) und dann 1980 in dem Sammelband *Die ZEIT-Bibliothek der
100 Bücher* (hrsg. von Fritz J. Raddatz, Frankfurt a. M. 1980 [suhr-
kamp taschenbuch, 645], S. 193–198) erschienen ist.

VOLKER BRAUNS (geb. 1939) Erzählung *Unvollendete Geschichte* (Erstdr. in *Sinn und Form* 27, 1975, H. 5, S. 941
bis 979; Buchausg.: Frankfurt a. M. 1977) bildet nach Charlotte W. Koerner (S. 267 Anm. 5) »ein neues Glied« in der
Wirkungsgeschichte des *Lenz*. Und in der Tat »klingen viele
Sätze« der *Unvollendeten Geschichte* »wie ein Echo von
Büchners *Lenz* oder *Woyzeck*«. »Und wie Büchner schreibt
auch Braun die Geschichte einer Entfremdung, der beginnenden Auflösung einer Person« (Rolf Michaelis, zit. nach dem
Klappentext der Ausgabe von 1977), nämlich der achtzehn-
jährigen Karin, der Hauptfigur der *Geschichte*, in der man –
mit gewissen Abstrichen – eine Art weiblichen Lenz, existie-
rend in einer sozialistischen Gesellschaft, sehen kann. In
Büchners *Lenz* wie in Brauns *Unvollendeter Geschichte*
»geht es um den Prozeß eines schweren geistigen Ringens, bei
dem gar nicht nur äußere, sondern gerade innere Widerstände
zu überwinden sind« (Koerner, S. 162). Anklänge und Anlei-
hen an Büchners *Lenz* kann man bei Braun vor allem in den
Bereichen der Syntax, der Stilistik, der Erzähltechnik und der
Stadt-Landschaftsdarstellung bemerken (parataktische Rei-
hungen, prädikatlose, oft sehr kurze Sätze, erlebte Rede,
Wahrnehmung und Registrierung der Umwelt im Zustand
innerer Erregung und Verwirrung). Büchner wie Braun die-
nen all diese Sprach- und Stilmittel als »objektives Korrelat
bestimmter innerer Bewußtseinszustände« (Koerner, S. 161).

GERT HOFMANNS (geb. 1932) Künstler-Novelle *Die Rückkehr des verlorenen Jakob Michael Reinhold Lenz nach Riga*,
die zuerst 1980 im *Literaturmagazin 13. Wie halten wir es mit
dem Neuen?* (Reinbek bei Hamburg 1980, S. 153–180) und
ein Jahr später in Gert Hofmanns Novellenband *Gespräch*

## 2. Wirkungsgeschichte 127

*mit Balzacs Pferd*, Vier Novellen (Salzburg/Wien 1981,
S. 7–39) erschien, ist einer der wenigen erzählenden Texte in
der Wirkungsgeschichte des *Lenz*, der den – vom Autor
offenbar intendierten – Vergleich mit Büchners Erzählung
nicht zu scheuen braucht. Zentrales Thema der *Lenz*-Novelle
von Hofmann, von der es übrigens eine am 8. Oktober 1978
im Westdeutschen Rundfunk gesendete Hörspielfassung
gleichen Titels gibt, ist der in Büchners *Lenz* lediglich ange-
deutete, aus der Lenz-Biographie wohlbekannte, Vater-
Sohn-Konflikt, dargestellt aus der Perspektive des Sohnes.
Hofmann vergegenwärtigt in seiner Novelle einen einzigen
Tag, den 23. Juli 1779, aus der Biographie des Sturm-und-
Drang-Dichters Lenz, den Tag seiner Rückkehr ins väterliche
Haus nach Riga. Der Titel der Hofmannschen Novelle lenkt
zwar das Interesse des Lesers auf das biblische Gleichnis vom
verlorenen Sohn (vgl. Lk. 15,11–32), aber es geht Hofmann
mehr um die Transformation, ja Inversion (Umkehrung)
als um eine affirmative Präsentation und bloße erzählerische
Adaption des bekannten Gleichnisses. Außerdem handelt die
Novelle nicht nur von dem verlorenen Sohn, sondern gerade
auch von dem verlorenen Vater Lenz, der für den Sohn die
Züge des »Allmächtigen«, des verlorenen Gottvaters an-
nimmt.

Rezensionen: *Süddeutsche Zeitung*, 18. 4. 1981; *Die Zeit*, 2. 4. 1982;
*Die Presse*, 11. 4. 1981; *Frankfurter Allgemeine Zeitung*, 14. 4. 1981;
*Tagesspiegel Berlin*, 7. 6. 1981; *Salzburger Nachrichten*, 21. 11. 1981.

Zwei interessante Zeugnisse der Wirkungsgeschichte des
*Lenz* sind die beiden Dramatisierungen der Büchner-Erzäh-
lung aus dem Jahr 1984.
Aus aufführungschronologischen Gründen ist hier zuerst das
Theaterstück *Ein Mann namens Lenz. Nach der Erzählung
von Georg Büchner* zu nennen, das der Schauspieler, Regis-
seur, Theaterleiter und Schriftsteller HEINZ JOACHIM KLEIN
(geb. 1906) verfaßt und bei dem er ausschließlich Büchners
Werke (nicht nur den *Lenz*, sondern auch *Dantons Tod* und
*Woyzeck*) und Briefe sowie Texte von J. M. R. Lenz als

128 III. Rezeptions- und Wirkungsgeschichte

Grundlage verwendet hat. Das bisher ungedruckte Stück
wurde am 29. Januar 1984 in der Inszenierung von Lothar
Trautmann im Saarländischen Staatstheater Saarbrücken
(Alte Feuerwache) uraufgeführt. Besprechung u. a. in der
*Frankfurter Allgemeinen Zeitung* vom 10. 3. 1984 (S. 25).

Die andere *Lenz*-Dramatisierung des Jahres 1984 ist das
Stück *Büchners Lenz* des Schweizer Schriftstellers, Drama-
turgen und promovierten Germanisten JÜRG AMANN (geb.
1947), das am 24. Mai 1984 in der Inszenierung von Jasmine
Hoch auf der Werkstattbühne des Darmstädter Staatstheaters
uraufgeführt wurde. Amann hält sich in seinem Theaterstück
sehr eng an Büchners Erzählung, aus der oft passagenweise
wörtlich zitiert wird: besonders auffällig in der ersten und
letzten Szene des Stücks, in denen Amann seine Hauptfigur
»von sich selbst« in der Er-Form sprechen läßt, wobei die im
Imperfekt stehenden Sätze der Erzählung ins ›dramatische‹
Tempus des Präsens transferiert werden. Hauptthema des
Stücks ist, wie schon in Hofmanns *Lenz*-Novelle, der Vater-
Sohn-Konflikt bzw. das Thema vom verlorenen Sohn, das
auch hier ganz anders als in der Bibel behandelt wird.
Amanns Lenz will – genauso wie der Büchnersche – auf keinen Fall zurück zum Vater, er hat »keinen Vater« (vgl. Szene
19), er bleibt verloren und vaterlos, obwohl er sich sehn-
lichst einen Vater wie den aus dem biblischen Gleichnis vom
verlorenen Sohn zu wünschen scheint (vgl. Lenz' Predigt
in Szene 10).
Amanns Stück wurde unter der Regie von Günter Bommert
auch als Hörspiel produziert und am 8. Dezember 1983 im
Südwestfunk Baden-Baden, im Saarländischen Rundfunk
und im Südfunk Stuttgart gesendet. Vom Dramentext unter-
scheidet sich das Hörspiel gleichen Titels lediglich durch die
gegenüber den Bühnenanweisungen leicht variierten Zwi-
schentexte, die von einer Sprecherin vorgetragen werden.

Jürg Amann, *Büchners Lenz*, in: J. A., *Ach, diese Wege sind sehr
dunkel*, Drei Stücke, München 1985 (Serie Piper, 398), S. 37–67.

## 3. Der *Lenz* in den Büchner-Preis-Reden

In der Rezeptions- und Wirkungsgeschichte Büchners spielt die Institution des Georg-Büchner-Preises eine wichtige Rolle, sehen sich doch die mit diesem Preis ausgezeichneten Schriftsteller nicht selten dazu veranlaßt, ja manchmal wohl geradezu herausgefordert, sich bei dieser Gelegenheit erneut (ausnahmsweise vielleicht auch zum ersten Mal) mit dem Namenspatron des Preises, mit Georg Büchner und seinem Werk auseinanderzusetzen. Diese Auseinandersetzung findet zumeist in den bei der Preisverleihung gehaltenen Reden der Preisträger statt. Da der Büchner-Preis, der 1923 vom Volksstaat Hessen gestiftet, in der Zeit des Nationalsozialismus nicht verliehen und 1951 in einen reinen Literaturpreis umgewandelt wurde, einer der begehrtesten, renommiertesten und profiliertesten Preise unter den zahlreichen deutschen Literaturpreisen der Gegenwart ist, kommen die meisten bedeutenden Schriftsteller der Gegenwartsliteratur früher oder später fast zwangsläufig einmal in den Genuß dieses Preises (Ausnahmen sind etwa Arno Schmidt oder Peter Huchel). Infolge dieses Umstands besitzen wir von vielen namhaften Autoren der deutschen Nachkriegsliteratur mehr oder weniger interessante Äußerungen über Georg Büchner und seine Werke, d. h. Rezeptions- und Wirkungszeugnisse, die sich in den Dankreden der Preisträger finden. Wenn auch eine Reihe von Reden (wie die von Gottfried Benn, Ernst Kreuder, Marie Luise Kaschnitz, Thomas Bernhard, Uwe Johnson und Peter Handke) »wenig ergiebig für die Büchner-Rezeption« sind – sie bieten »Reflexionen über die eigene literarische oder gesellschaftliche Position, die aber nicht aus der Auseinandersetzung mit Büchner hervorgehen, sondern weitgehend autobiographisch bestimmt sind« (Goltschnigg, 1975, S. 88) –, so haben doch seit den fünfziger Jahren die Büchner-Preis-Träger in ihrer Gesamtheit gesehen ein wichtiges und interessantes Kapitel der Rezeptions- und Wirkungsgeschichte Büchners geschrieben.

Das Interesse der Büchner-Preis-Träger hat sich im Laufe der

III. Rezeptions- und Wirkungsgeschichte

letzten fünfunddreißig Jahre (1951–86) den verschiedenen Werken Büchners zu verschiedenen Zeiten mit recht unterschiedlicher Intensität zugewendet. Läßt sich in den fünfziger Jahren bei den Büchner-Preis-Trägern eine gewisse Vorliebe für den *Woyzeck* feststellen – vornehmlich bei Gottfried Benn (1951) und Marie Luise Kaschnitz (1955) –, so konzentriert sich ihr Interesse in den sechziger Jahren vor allem auf den Autor des *Hessischen Landboten*, d. h. auf den politischen Büchner, der besonders in den Reden von Hans Magnus Enzensberger (1963), Günter Grass (1965) und Heinrich Böll (1967) eine radikale politische (bei Grass: parteipolitische) Aktualisierung erfährt. In den siebziger und beginnenden achtziger Jahren spielt dann von Büchners poetischen Werken die Erzählung *Lenz*, mit der sich vorher nur Paul Celan (1960) und Hans Erich Nossack (1961) näher befaßt haben, zweifellos die größte Rolle in den Reden der Preisträger. Dies gilt insbesondere für die Reden von Elias Canetti (1972), Heinz Piontek (1976), Hermann Lenz (1978) und Martin Walser (1981), in denen sich bemerkenswerte *Lenz*-Interpretationen finden. Dem Faible, das Büchner-Preis-Träger in den letzten fünfzehn Jahren für den *Lenz* entwickelt haben, entspricht das überdurchschnittlich große Interesse, das in eben diesem Zeitraum dem *Lenz* von seiten der Sekundärliteratur zuteil geworden ist. Es ist naheliegend, hier eine Wechselwirkung zwischen der intensiven *Lenz*-Rezeption der Büchner-Preis-Träger einerseits und der Literaturwissenschaftler andererseits zu vermuten. Die äußerst intensive *Lenz*-Rezeption und -Wirkung der letzten eineinhalb Jahrzehnte hängt wahrscheinlich nicht zuletzt mit jener – in den siebziger Jahren dominierenden – Strömung der Gegenwartsliteratur zusammen, die man mit den Schlagworten ›Neue Innerlichkeit‹ bzw. ›Neue Subjektivität‹ bezeichnet hat, einer Literaturströmung, in die Büchners *Lenz* – bei entsprechendem Leseansatz – als eine Art Vorläufertext durchaus zu passen scheint.

### 3. Der »Lenz« in den Büchner-Preis-Reden
131

PAUL CELANS (1920–70) Büchner-Preis-Rede von 1960, in der immer wieder das Gesprächshafte, das Dialogische des Gedichts betont wird, kann als poetologischer »Gegenentwurf [. . .] zu Gottfried Benns Konzept einer monologischen Dichtung« (H. Mayer, 1973, S. 162) verstanden werden. Nach Hans Mayer, der Anfang Februar 1960 – acht Monate, bevor Celan in Darmstadt seine Rede vortrug – in Paris ein von Celan besuchtes Büchner-Seminar abhielt, hat jenes Seminar über Büchner »gleichsam als Initialzündung für die Meridian-Rede vom 22. Oktober 1960 fungiert«, bietet sich die Rede Celans »gleichsam als konzentrierte Reflexion über die Texte und Ergebnisse dieses Seminars an« (ebd., S. 160 f.).

Celan geht in seiner Rede allen Äußerungen der Figuren Büchners über die Kunst nach, fragt nach der Bedeutung der Kunst im allgemeinen und nach der Funktion heutiger Kunst im besonderen, setzt bei seiner Betrachtung »den Akut des Heutigen« (*Büchner-Preis-Reden 1951–1971*, S. 91), spricht sich für eine Kunst, für ein Kunstwerk aus, »das ständig die Kommunikation zwischen dem Künstler und seinem Publikum aktualisiert«, das »Aktualisierung«, »immer gegenwärtige Rezeption provoziert« (Goltschnigg, 1975, S. 90), und kommt im Verlauf seiner poetologischen Meditation immer wieder auf Büchners Erzählfragment *Lenz*, auf Büchners fiktive Lenz-Figur wie auch auf den historischen Sturm-und-Drang-Dichter Lenz zurück, wobei ihm Lenz – ebenso wie die Lucile aus *Dantons Tod* – zur »Inkarnation der Dichtung *und* des Dichters« wird (H. Mayer, 1973, S. 165). Die sich auf Lenz beziehenden Stellen aus dem wohlkomponierten Textgefüge der Ansprache herauszulösen und isoliert zu zitieren, ist bei dem Dichter, hier: dem Prosa-Dichter Celan noch schwieriger als bei anderen Büchner-Preis-Trägern. Auf Zitate aus Celans bedeutender Rede sei deshalb hier verzichtet.

Zur Rezeption Büchners in Celans Rede vgl. die einschlägigen Aufsätze von Hans Mayer (1973, S. 160–171) und Jörg Thunecke (S. 298–307).

132                    *III. Rezeptions- und Wirkungsgeschichte*

Paul Celan, *[Dankrede]*, in: *Büchner-Preis-Reden 1951–1971*, mit
einem Vorw. von Ernst Johann, Stuttgart 1972 [u. ö.] (Reclams Universal-Bibliothek, 9332[3]), S. 88–102.

HANS ERICH NOSSACK (1901–77) geht in seiner Preisrede
(1961) von einer autobiographischen Erinnerung aus und
befaßt sich im weiteren Verlauf intensiv mit den letzten Sätzen des *Lenz*:

»Der Satz ›So lebte er hin‹ ist der endgültigste Abschluß, der
sich denken läßt.
Diese vor hundertdreißig Jahren gesprochenen Sätze kann
man auch heute auf der Straße gebrauchen, ohne altmodisch
zu wirken. Das ist sehr selten in unserer Literatur. Die Erklärung dafür ist, daß bei Büchner Situation und Mitteilung,
Erlebnis und Wiedergabe in eins zusammenfallen. Wir haben
die nackte Situation selber, die jeder Metapher und jedes deu-
tenden Bildes entraten kann, ja, sogar dadurch verfälscht
würde. Die höchste Form der Prosa, die sich erreichen läßt.
Eine Prosa, in der jedes kleine Wort, jedes Komma, jeder
Atemzug ein Faktum ist. Eine ahistorische Prosa und allein
geeignet, die Wahrheit zu sagen. [. . .]
Man pflegt uns Intellektuelle, wenn wir nicht ›so hin‹ leben
wollen, *Nihilisten* zu nennen. Auch Büchner gebührt dieser
Ehrentitel. Der letzte Absatz des *Lenz* ist die erschütterndste
Anklage des Menschen gegen den Nihilismus als Endzu-
stand, gegen ein versicherbares So-hin-Leben, ohne Angst,
ohne Verlangen. Ich möchte Sie warnen, meine Damen und
Herren, die Büchnerschen Sätze vor dem Schlafengehen zu
denken. Dann wäre es aus mit dem Schlaf.«

> Hans Erich Nossack: So lebte er hin . . . Rede auf
> Georg Büchner. In: H. E. N.: Die schwache Posi-
> tion der Literatur. Reden und Aufsätze. Frankfurt
> a. M.: Suhrkamp, 1966. (es 156.) S. 54 f. – © Suhr-
> kamp Verlag Frankfurt am Main 1966.

ELIAS CANETTI (geb. 1905) bekennt zu Beginn seiner Dankrede von 1972 – und das ist gewiß keine captatio benevolen-

### 3. Der »Lenz« in den Büchner-Preis-Reden 133

tiae –, daß Büchner sein »Leben verändert« habe »wie
kein anderer Dichter«. Diese Veränderung – Canetti erinnert
sich sehr genau an Zeit, Ort und Umstände des Ereignisses –
fand in einer Augustnacht und an dem darauffolgenden
Augustmorgen des Jahres 1931 statt, als Canetti – er hatte
soeben seinen Roman *Die Blendung* abgeschlossen – zum
ersten Mal den *Woyzeck* und gleich darauf den *Lenz* las,
über dessen Lektüre ihm die *Blendung*, auf die er ›doch
auch stolz war‹, fürchterlich ›eingeschrumpft‹ sei. (*Büchner-Preis-Reden 1972–1983*, S. 19 f.) Mit ähnlichen Worten
schildert Canetti dieses entscheidende Leseerlebnis noch einmal im dritten Teil seiner autobiographischen Erzählung *Das
Augenspiel. Lebensgeschichte 1931–1937* (München/Wien
1985, S. 19 und 21 f.).
In der Dankrede spricht Canetti hauptsächlich über Büchners
– sowohl in Gießen und Darmstadt (1834/35) als auch in der
Straßburger und Zürcher Emigrationszeit (1835–37) geführ-
tes – »Doppelleben«, dem man seine Werke verdanke und das
in seinen *Lenz* und sogar noch in den *Woyzeck* münde, sowie
über »das zentrale Ereignis« in Büchners »Dasein«, »seine
Flucht« (*Büchner-Preis-Reden 1972–1983*, S. 23 f.). Unter
diesen beiden Aspekten geht Canetti dann näher auf den *Lenz*
ein:

»Seit seiner zweiten Ankunft in Straßburg kann man von
einem neuen Doppelleben Büchners sprechen, das das frü-
here Zuhause, in der Zeit der Verschwörung, auf eine andere
Weise fortsetzt. Das eine Leben, das äußere, faktische führt
er in der Emigration und sucht es peinlich von allen Anlässen
zu einer Auslieferung frei zu halten. Das andere führt er in
Gefühl und Geist zu Hause, bei seinen unglücklichen Freunden. Die Notwendigkeit zur Flucht steht noch unaufhörlich
vor ihm, der Monat der Vorbereitungen zu ihr in Darmstadt
ist nie zu Ende gegangen.
Es ist das Schicksal des Emigranten, daß er sich gerettet glauben möchte. Er kann es nicht sein, denn was er hinterlassen
hat – die andern –, ist nicht gerettet.

III. Rezeptions- und Wirkungsgeschichte

Zwei Monate nach seiner Ankunft in Straßburg erwähnt Gutzkow in einem Brief an ihn ›Ihre Novelle Lenz‹. Büchner muß ihm ziemlich bald nach seiner Ankunft vom Plan zu einer solchen Novelle geschrieben haben.

Über die Bedeutung dieser Erzählung, über das, was Büchner mit Lenz verbindet, wäre unendlich viel zu sagen. Ich möchte hier nur Eines, und gemessen am Ganzen, das zu sagen wäre, gewiß nur ein Geringes bemerken: wie sehr sie durch die Flucht genährt und gefärbt ist. Die Vogesen, Büchner durch Wanderungen mit seinen Freunden wohlvertraut, vor zwei Jahren auch in einem Brief an die Eltern beschrieben, verwandeln sich am 20., da Lenz durchs Gebirg ging, in eine Landschaft der Angst. Lenzens Zustand, wenn er sich überhaupt in *eines* zusammenfassen läßt, ist einer der Flucht, die aber in viele, kleine, scheinbar sinnlose Einzelfluchten zerfällt. Ihm droht kein Gefängnis, aber er ist ausgestoßen, er ist aus seiner Heimat verbannt. Seine Heimat, die einzige Region, in der er frei zu atmen vermochte, war Goethe, und Goethe hat ihn aus sich verbannt. Jetzt flüchtet er sich an Orte, die mit Goethe zusammenhängen, weniger entfernt oder entfernter; kommt, knüpft an und versucht zu bleiben. Aber die Verbannung, die in ihm ist und weiterwirkt, zwingt ihn, alles wieder zu zerstören. In kleinen, zerfahrenen, immer wiederholten Bewegungen flüchtet er ins Wasser oder zum Fenster hinaus, ins nächste Dorf, in die Kirche, in ein Bauernhaus, zu einem toten Kind. Gerettet hätte er sich geglaubt, wäre ihm dessen Wiedererweckung gelungen.

In Lenz hat Büchner seine eigene Unruhe gefunden, die Angst vor der Flucht, die ihn überkam, wann immer er ins Gefängnis trat, zu seinen Freunden. Ein Stück seines brüchigen Wegs ist er mit Lenz gegangen, in ihn verwandelt und zugleich sein Begleiter, der ihn als *Anderer* unbeirrbar von außen sah. Ein Ende gab es dafür nicht, nicht für die Ausgestoßenheit, nicht für die Flucht, es gab nur dasselbe immer weiter. ›So lebte er hin‹, er schrieb diesen letzten Satz und verließ ihn.

Der Andere aber, als den man Büchner in seiner damaligen

### 3. Der »Lenz« in den Büchner-Preis-Reden 135

Umwelt kannte, erwarb sich in strenger und zäher wissen-
schaftlicher Arbeit über das Nervensystem der Barben den
Respekt der Naturwissenschaftler Straßburgs und Zürichs.
Er erlangte die Doktorwürde und fuhr zu einer Probevorlesung nach Zürich.«

> Büchner-Preis-Reden 1972–1983. Mit einem Vorw.
> von Herbert Heckmann. Stuttgart: Reclam, 1984.
> (Universal-Bibliothek. 8011[3].) S. 25 f. – Zuerst in:
> Elias Canetti: Das Gewissen der Worte. München:
> Hanser, [1975]. – © Hanser Verlag, München.

Herausgefordert durch die schon 1966 von Wolfgang Hildes-
heimer geäußerte Ansicht, daß »eine Reihe illustrer Preisträger bisher alles über Büchner gesagt« habe, »was zu sagen ist,
und mehr« (*Büchner-Preis-Reden 1951–1971*, S. 169), versucht HEINZ PIONTEK (geb. 1925) – der diese Auffassung im
Motto seines gedruckten Redetextes zitiert – in seiner Büchner-Preis-Rede von 1976, etwas Neues, bisher noch nicht
Gesagtes oder Gesehenes an Büchner und seinem Werk zu
entdecken. Piontek ist ein besonderer, bisher kaum bemerk-
ter »Ton der Stille« aufgefallen, der zwar in Büchners Werken
nicht vorherrsche, der aber an einigen Stellen unüberhörbar
zu vernehmen sei, wobei sich Piontek zu Recht vor allem auf
den *Lenz* bezieht.

»1955 brachte ich meinen ersten Erzählungsband heraus, der
›Vor Augen‹ hieß, und gab ihm als Motto ein langes Zitat aus
Büchners ›Lenz‹ mit. Es lautete:
›Eines Morgens ging er hinaus. Die Nacht war Schnee gefallen [. . .]. Keine Regung in der Luft als ein leises Wehen, als
das Rauschen eines Vogels, der die Flocken leicht vom
Schwanz stäubte. Alles so still und die Bäume weithin mit
schwankenden weißen Federn in der tiefblauen Luft.‹
Ich erinnere mich gut, daß mir das Motto nicht nur der Länge
wegen problematisch gewesen war, sondern auch wegen seines Charakters. Es spitzte ja keine Gedanken zu, hatte nichts
Sentenziöses, Frappierendes, nur ein paar rein beschreiben-
de oder beschwörende Sätze, sehr schön und zugleich der

Umgangssprache angenähert – was beabsichtigte ich mit ihnen vorwegzunehmen? Mir kam es vor allem auf den Ton an. Den Ton der Stille, meine ich. Nun ist sicher, daß Stille in Büchners Werken nicht vorherrscht, und doch gibt es in ihnen eine Reihe solcher Stellen der Stille, und durch all sein Geschriebenes zieht sich ein Sehnen danach.
[...] Georg Büchner war nicht mein Lehrmeister oder Vorbild. Dennoch gedachte ich mit seinen Sätzen zu zeigen, daß ich begriffen hatte, wie natürlich genaue, das heißt von einem Dichter geeichte Prosa beschaffen sein müsse – ohne Rücksicht darauf, daß ich selber weit davon entfernt war, mich mit ähnlich Exemplarischem ausweisen zu können.«

»[...] ich möchte zum Schluß noch einmal auf die Stille zurückkommen, von der ich ausgegangen bin. Wortlosigkeit und Stille berühren einander. Daß mich gerade bei Büchner jene Stellen, an denen Verschwiegenheit herrscht oder verlangt wird, ergriffen haben, ganz körperlich noch ergreifen, liegt vermutlich daran, daß einem sonst bei ihm die Welt in den Ohren gellt. Besonders in der ersten Hälfte des ›Lenz‹-Fragments kommen nicht wenige Sätze vor, um die sich Ruhe wie eine Aura ausbreitet. [...]
Lenzens Sehnsucht nach Stille hat Büchner, der Dichter, nur halbwegs zu stillen vermocht. Krankheit und Leiden sind in dieser Gestalt übermächtig. Mehr als nur ein Jahrhundertleiden. Wir nennen es heute ›manisch-depressiv‹, aber hinter der Bezeichnung kann man eine der gewaltigsten Gefährdungen unsrer Zeit spüren: die Alienation, die Fremdheit in ihrer schwersten Form, bis zur Geisteszerrüttung. Daß sich einer der Welt entfremdet und zwangsweise damit sich selbst, springt dir von diesem Theologiestudenten Lenz in die Augen. Ist in der Welt überhaupt noch Platz für dich – in ihr, die so gepfercht voll von Geräuschen, Lauten, Wichtigkeiten ist, einem ›Chaos‹ aus Leisten und Ringen? Wirst du hier nicht, wenn du Stille zu verbreiten suchst, augenblicklich zum Störenfried? Und läßt man nicht schon die Riegel hinter dir fallen, so daß dir nur noch die Nicht-Welt offen bleibt?

### 3. Der »Lenz« in den Büchner-Preis-Reden 137

Büchner hat dem Getöse der Unmenschlichkeit durch Manifestationen von einfacher und klarer Schönheit einige Male Einhalt geboten. Er kannte wohl Pascal und vielleicht das Wort von der besonderen ›Schwingungszahl der Schönheit‹. Er wußte, wo wirklich etwas schön ist, da halten wir den Atem an, da wird es ringsum plötzlich still. Innen und außen. Die Bedrohung von innen allerdings, vom Sitz der Worte und Widerworte her, scheint die schwerste. Heute behauptet sich das Schöne nur noch selten in einem Befreiungsakt der Stille. Ich zitiere: ›Hören Sie denn nichts? Hören Sie denn nicht die entsetzliche Stimme, die um den ganzen Horizont schreit und die man gewöhnlich die Stille heißt?‹ Vielleicht die erbarmungswürdigste Stelle, die Büchner über Lenz geschrieben hat.
Ist es so weit, daß der Stille überall in dieser Welt nichts mehr übrigbleibt, als um Stille zu schreien?«

Ebd. S. 89 f. und 94 f. – © Heinz Piontek, München.

Hermann Lenz (geb. 1913) beschäftigt sich gegen Schluß seiner Rede (1978) – sein Name und sein Ruf als sensibler Erzähler und Landschaftsdarsteller verpflichten ihn förmlich dazu – eingehend mit der Erzählung *Lenz*, die er »nicht analysieren«, sondern »bewundern« will:

»Übrigens hat sich auch ein Revolutionär wie Büchner der Vergangenheit zugewendet, beispielsweise in seiner Novelle ›Lenz‹, die mir nicht ihres Titels wegen bewundernswert erscheint. [. . .]
Die fragmentarische Erzählung beginnt mit der Darstellung der Naturgewalt eines Granitgebirges im Januar und stellt Landschaften, Vorgänge, Geschehnisse, Empfindungen in beständigem, oft abruptem Wechsel von Sanftheit und Kraßheit dar.
›Den 20. (Hartung) ging Lenz durchs Gebirg. [. . .]
Müdigkeit spürte er keine, nur war es ihm manchmal unangenehm, daß er nicht auf dem Kopf gehen konnte.‹
Jede Einzelheit erhält eine drohende Bedeutung, die immer

III. Rezeptions- und Wirkungsgeschichte

wieder durch Hinweise auf die Empfindungen dessen, der da
wandert, hervorgehoben wird: ›Es drängte ihn, er suchte
nach etwas, wie nach verlorenen Träumen, aber er fand
nichts. Es war ihm alles so klein, so nahe, so naß; er hätte die
Erde hinter den Ofen setzen mögen.‹

Mürrisches, Depressives, Enges, Gedrücktes, quälende Un-
geduld wechselt mit Erhabenem, weiten Ausblicken und
›Tönen, als wollten sie in ihrem wilden Jubel die Erde besin-
gen‹. Es verschmelzen Gefühle, Naturphänomene, und die
Naturbilder werden zu Empfindungen, wenn ›der Sonnen-
schein dazwischen durchging und kam und sein blitzendes
Schwert an den Schneeflächen zog, so daß ein helles, blenden-
des Licht über die Gipfel in die Täler schnitt; oder wenn der
Sturm das Gewölk abwärts trieb und einen lichtblauen See
hineinriß‹.

Aber, was zitiere ich da mit meinem schwäbischen Tonfall
diese unerreichbaren Sätze und bemühe mich darum, etwas
zu erklären, das für den Empfänglichen keiner Erklärung
bedarf. Hier erneuert sich jedes abgenützte Wort an der
Naturgewalt Büchners, die alle Erfahrungen beschwört, alle
Freiheiten, alle Belastungen, jedes Eingeengtsein und wie das
Gefühl sich ins Kosmische weitet, klein wird und ins Erschrecken fällt.

Die Sätze, die berichten, was geschieht, sind so schmucklos
wie die andern, die Naturbilder ausbreiten, und haben die-
selbe drängende Gewalt. Dabei erscheint es verwunderlich,
daß diese Beschreibungen der Geschehnisse nahezu wörtlich
aus Oberlins Tagebuch übernommen worden sind. Aber wer
das nicht weiß, dem fällt es nicht auf. Auch kein noch so
versierter kritischer Geist kann hier ›Stilbrüche‹ entdecken.

Immer wieder wird die schneidende Schärfe des Winter-
lichts beschworen, um die schneidende Schärfe wechseln-
der Empfindungen dessen deutlich zu machen, der, wie
wir heute sagen, von schizophrenen Schüben heimgesucht
wird. [...]

Sie sehen, ich will diese Novelle nicht analysieren, ich will sie
bewundern. Und ich wiederhole meine Ansicht, daß für

*3. Der »Lenz« in den Büchner-Preis-Reden* 139

Büchner – wahrscheinlich wie für jeden Autor – die Literatur
ein Heilmittel war, das seine Aggressionen milderte und ihn
ins Gleichgewicht brachte.«

Ebd. S. 121–123. – © Hermann Lenz, München.

MARTIN WALSER (geb. 1927) beginnt seine Rede *Woran Gott
stirbt* (1981) mit dem Hinweis auf den »typischen Büchner-
Horror«, auf Büchners »Leere-Schrecken«, der »aus seinem
Atheismus« komme und das Hauptthema im *Lenz* sei, und er
zeigt sodann in einer eindringlichen *Lenz*-Analyse, daß Gott
nach Büchner daran stirbt, »daß er nicht hilft«:

»Für die, die immer schon den ganzen Büchner kannten, ist es
nichts Neues, daß die Heftigkeit, mit der Büchner Leere auszudrücken vermag, offenbar aus seinem Atheismus stammt.
Im ›Lenz‹ ist das, wie ich jetzt sah, das Thema. Der typische
Büchner-Horror, über den Danton seine wunden Witze
macht, der dem Leonce die Laune lädiert, der Lenas gegen-
standslose Schwermut impft, unter dessen hohler Gewalt
Woyzeck sich windet, dieser Horror beschert zwar jedem
Büchner-Moment brillantes Entsetzen, aber im ›Lenz‹ wird
erzählt, wie dieser Leere-Schrecken entstand.
[...] auch wir können noch in den Schrecken dieses jungen
Büchner fallen, wenn wir wieder einmal zahnwehhaft scharf
spüren, daß Gott fehlt. Und diese typische Büchnerstimmung, dieses, wenn Sie gestatten, meerrettichscharfe Leere-
erlebnis kommt also von nichts als von der jeweils jäh ein-
schießenden Erfahrung, daß Gott fehlt.
Lenz ist in einer Krise; am besten flieht man da ins Gebirge;
um sich des Heils gleich doppelt zu versichern, schlüpft Lenz
im Gebirge auch noch bei einem Pfarrer unter. Er fügt sich
fromm zu lauter Frommen. Die Natur, die auf dem Herweg
in Fetzen um ihn toste, gerinnt zu einem ruhigen Tal. Er wird
des festen Pfarrers Gehilfe. Er hofft schon, sein Leiden werde
ihm, nach schön bewährtem Christenbrauch, zu nichts als
Gewinst und Gottesdienst. ›Er mußte Oberlin oft in die
Augen sehen ...‹ Dieser unerschütterlich milde Mann und
das Tal und die Leute: ›Es wirkte alles wohltätig und beruhi-

gend auf ihn.‹ Vorher war die Gebirgsnatur noch eine Bühne gewesen zur Aufführung des Nichts- und Leerespektakels. ›Es wurde ihm entsetzlich einsam; er war allein, ganz allein.‹ Abgewiesen von einem Mädchen, soll er so geworden sein. [...] Büchner erzählt noch den Versuch der Heilung. Lenz kriegt sich noch einmal. Als er herfloh, sei es gewesen, als jage der Wahnsinn auf Rossen hinter ihm. Aber als er dann sogar hoffen kann, als Prediger andere zu trösten, wird er selber ›fester‹. ›. . . es war, als löste sich alles in eine harmonische Welle auf.‹

Die Festigkeit hält nicht. Die Novelle erzählt den Kampf des Erschütterten gegen die Erschütterung. Er bräuchte Gott. Alles andere ist probiert. Und je weniger sonst noch in Frage kommt, desto heftiger greift er nach diesem Gott. Die heftigste Bewegung ist wohl jene nach den Händen eines gestorbenen Kindes; die faßte er und ›sprach laut und fest: Steh auf und wandle!‹ Weiter kann man nicht gehen. Danach kann nur noch Trotz mit Grinsen folgen. Die Natur wird zur grimassierenden Kulisse, der gestolperte Titan reagiert mit Nerven und diagnostiziert sich aus dem kältesten Wortschatz der Welt den kältesten Befund auf den Hals: Atheismus. Er findet sich jetzt ›kalt und unerschütterlich‹: ›es war ihm alles leer und hohl‹. Die Geschichte selber operiert auch weiterhin christlich. Lenz ist jetzt der Gepeinigte, der Abgefallene, der Verdammte, für den rundum therapeutisch gebetet wird: Wahnsinn und Verdammnis sind da eins. Er ist der auf sich selbst losgelassene Satan, der sich mit seinen Vorstellungen foltern muß. In dieser christlich operierenden Geschichte entsteht dann die reinste Büchnerstimmung: jene vollkommene Empfindlichkeit, die in allem, was Raum und Zeit noch bieten, nichts als Leere schmeckt. Lenz klagt jetzt, wie schwer alles sei. ›Er glaube gar nicht, daß er gehen könne; jetzt endlich empfinde er die ungeheure Schwere der Luft.‹ In dieser Satzfügung klingt schon mit, daß man diesen entsetzlichen Zustand auch als Errungenschaft sehen darf. Schließlich ist das die Empfindlichkeit, die allein fähig macht, unsere Lage richtig auszudrücken. ›Er hatte *nichts*‹, heißt es. Er ist

### 3. Der »Lenz« in den Büchner-Preis-Reden 141

also geliefert. Komplett. Schutzlos, haltlos, interesselos. Daher die dann überall grassierende Langeweile. Alles wird zur Qual. Der nicht mehr vorhandene Gott macht einen solchen Lärm, daß es nicht auszuhalten ist. ›Hören Sie denn nicht die entsetzliche Stimme, die um den ganzen Horizont schreit und die man gewöhnlich die Stille heißt?‹ Der Büchner-Horror.
Büchner hat nicht gesagt: Gott ist tot; er teilt uns mit, woran Gott stirbt. Jeder Gott. Er stirbt daran, daß er nicht hilft.
[...] Als Oberlin zu Lenz von Gott spricht, sieht ihn Lenz ›mit einem Ausdruck unendlichen Leidens an und sagt endlich: Aber ich, wär ich allmächtig, sehen Sie, wenn ich so wäre, ich könnte das Leiden nicht ertragen, ich würde retten, retten ...‹ Daran stirbt ihm sein Gott, daß er den Menschen nicht helfen kann. Büchner kann Menschen nicht leiden sehen, das ist alles. Ein Gott, der nicht hilft, ist keiner. Aber wenn dann keiner ist, schießt eben aus allem, was Zeit und Raum servieren, dieser Leere-Schrecken heraus. Und in einer Welt, aus der die Dimension Gott verschwunden ist, schnurrt dieses Ich, das gerade noch phantastisch aufgelegt schien, zu einem trockenen, einsamen, schmerzhaften Punkt zusammen. Darum ist *jeder* bei Büchner ein armer Hund.«

> Ebd. S. 167–170. – © Suhrkamp Verlag Frankfurt am Main.

WOLFDIETRICH SCHNURRE (geb. 1920) löckt in seiner unkonventionellen, von ihm so betitelten *Büchnerpreis-Rede* (1983) polemisch wider den Stachel der auch in den Dankreden der Preisträger immer wieder zum Ausdruck kommenden Büchner-Verehrung. Für Schnurre ist Büchner »kein Verehrungsobjekt«, sondern schlicht ein »Kollege«, mit dem er »gern Tacheles reden möchte« (*Büchner-Preis-Reden 1972–1983*, S. 214 f.). Besonders suspekt und anstößig ist es ihm, daß es mittlerweile »zum guten literarischen Ton« gehöre, nicht nur die Werke Büchners, sondern auch gleich noch den Autor selber »mögen zu müssen«. Schnurres Rede ist streckenweise

142               *III. Rezeptions- und Wirkungsgeschichte*

eine kritische Auseinandersetzung mit der unkritischen Büchner-Rezeption. Zum *Lenz*, den auch er – »logischerweise« – mag, bemerkt Schnurre bissig: »Wer mag den eigentlich *nicht*?« (Ebd., S. 215 f.)

## 4. Verfilmungen des *Lenz*

Büchners *Lenz* ist bisher zweimal verfilmt worden: von George Moorse (BRD, 1970) und von Alexandre Rockwell (USA, 1981). Der *Lenz* von George Moorse (Kamera: Gerard Vandenberg; Hauptdarsteller: Michael König) wurde am 30. März 1971 in München uraufgeführt. Während er in Deutschland drei Filmbänder in Gold erhielt und »besonders unter der jüngeren Generation, bewirkt durch die Ausstrahlung des Hauptdarstellers Michael König, sein Publikum fand« (Kanzog, 1983, S. 78), konnte sich der Film im Ausland, wo er u. a. auf der Biennale in Venedig und bei den Festspielen in Cannes lief, nicht durchsetzen.

## 5. Eine Oper nach Büchners *Lenz*

Büchners poetisches Werk ist nicht nur auf den Theater-, sondern auch auf den Opern-Bühnen zu sehen und zu hören, denn inzwischen sind nach allen vier poetischen Werken Büchners von renommierten Komponisten Opern geschrieben worden: *Wozzeck* (1921/25) von Alban Berg, *Dantons Tod* (1947) von Gottfried von Einem, *Leonce und Lena* (1979) von Paul Dessau und *Jakob Lenz* von Wolfgang Rihm (geb. 1951). Rihms »Kammeroper Nr. 2« *Jakob Lenz* (Libretto: Michael Fröhling) wurde unter der Regie von Siegfried Schönbohm und der musikalischen Leitung von Klauspeter Seibel am 8. März 1979 von der Studiobühne der Hamburger Staatsoper uraufgeführt.

# IV. Texte zur Diskussion

## 1. Der *Lenz* und die Anti-Psychiatrie

RONALD D. LAING (geb. 1927), wie David Cooper ein Exponent der sogenannten Anti-Psychiatrie, versucht etablierte klinisch-medizinische Kategorien – wie vor allem die der »Schizophrenie« – aufzuweichen, mit denen die herrschende Psychiatrie an »Verrücktheit« herangeht:

»Die meisten, wenn auch nicht alle Psychiater glauben heute noch, daß von ihnen ›schizophren‹ genannte Leute die Prädisposition geerbt haben, vorwiegend unverständlich zu agieren, und daß ein bisher unbekannter genetischer Faktor (möglicherweise ein genetischer Morphismus) mit einer mehr oder weniger normalen Umwelt transagiert, um biochemisch-endokrinologische Veränderungen zu induzieren, die wiederum das bewirken, was wir als Verhaltensanzeichen eines subtil-unterschwelligen organischen Prozesses beobachten. Es ist jedoch falsch, jemandem eine hypothetische Krankheit mit unbekannter Ätiologie und unentdeckter Pathologie anzuhängen – außer *er* kann es anders beweisen.«

»›Schizophrenie‹ ist eine Diagnose, ein Etikett, das einige Leute anderen Leuten anhängen. Das beweist nicht, daß der Etikettierte einem essentiell pathologischen Prozeß unbekannter Natur und Ursache unterworfen ist, der *in* seinem oder *in* ihrem Körper vor sich geht. Das bedeutet nicht, daß der Prozeß primär oder sekundär *psycho*pathologisch ist und *in* der *Psyche* des Betroffenen vor sich geht. Aber es etabliert ein soziales Faktum, daß der Etikettierte einer von ›denen‹ ist. Leicht vergißt man, daß der Prozeß nur eine Hypothese ist, nimmt an, daß er ein Faktum ist, und kommt dann zu dem Urteil, daß er biologisch die Fehlanpassung fördert und daher pathologisch ist. Soziale Anpassung an eine funktionsgestörte Gesellschaft kann aber sehr gefährlich sein. Der perfekt angepaßte Bomberpilot stellt eine größere Bedrohung der

Menschheit dar als der Schizophrene in der Anstalt mit dem Wahn, die Bombe sei in ihm. Unsere Gesellschaft selbst kann inzwischen biologisch funktionsgestört sein, und etliche Formen schizophrener Entfremdung von der Entfremdung der Gesellschaft können eine soziobiologische Funktion haben, die wir noch nicht erkennen. Das bleibt bestehen, selbst wenn ein genetischer Faktor zu einigen Arten schizophrenen Verhaltens prädisponieren sollte. Jüngste Kritik und neueste empirische Studien lassen diese Frage offen.«

»Es gibt keinen solchen ›Zustand‹ wie ›Schizophrenie‹; doch das Etikett ist ein soziales Faktum und das soziale Faktum ein *Politikum*. Das Politikum besteht in der bürgerlichen Gesellschaftsordnung darin, daß die etikettierte Person mit Definitionen und Konsequenzen belastet wird. Eine soziale Vorschrift rationalisiert eine Reihe von sozialen Handlungen, durch welche der Etikettierte von anderen annektiert wird, die rechtlich sanktioniert, medizinisch befähigt und moralisch verpflichtet sind, für den Etikettierten die Verantwortung zu übernehmen. Der Etikettierte wird nicht nur in eine Rolle, sondern in eine Karriere als Patient inauguriert durch die gemeinsame Aktion einer Koalition (einer ›Verschwörung‹) von Familie, Arzt, Beamten des Gesundheitsamtes, Psychiatern, Krankenschwestern, Sozialhelfern und oft auch Mitpatienten. Der ›Eingelieferte‹, etikettiert als Patient und ›Schizophrener‹, wird von seinem existentiellen und legalen Vollstatus als verantwortlich handelnder Mensch degradiert. Er kann sich nicht länger selbst definieren, darf seinen Besitz nicht behalten und hat seine Entscheidungsfreiheit darüber abzugeben, wen er trifft und was er tut. Seine Zeit gehört nicht mehr ihm, und der Raum, den er einnimmt, ist nicht mehr der seiner Wahl. Nachdem er einem Degradierungszeremoniell unterworfen worden ist (bekannt als psychiatrischer Untersuchung), wird er seiner bürgerlichen Freiheiten dadurch beraubt, daß man ihn in einer totalen Institution (bekannt als ›Heilanstalt‹) einsperrt. Vollständiger und radikaler als sonstwem in unserer Gesellschaft wird ihm das

## 1. Der »Lenz« und die Anti-Psychiatrie 145

Menschsein aberkannt. In der ›Heilanstalt‹ muß er bleiben, bis das Etikett ab ist oder modifiziert wird durch Zusätze wie ›gebessert‹ oder ›wiederangepaßt‹. Einmal ›schizophren‹, immer ›schizophren‹ – das ist die Tendenz der Ansichten.«

> Ronald D. Laing: Phänomenologie der Erfahrung. Frankfurt a. M.: Suhrkamp, 1969. (es 314.) S. 94 f., 108 f., 110 f. – © Suhrkamp Verlag Frankfurt am Main 1969.

GILLES DELEUZE und FÉLIX GUATTARI deuten – vom Standpunkt einer materialistischen Psychiatrie aus – Büchners Lenz-Figur als »Anti-Ödipus«, der sich weg vom ödipalen Dreieck (Vater-Mutter-Kind-Konstellation) bewegt, als Prototyp des schweifenden »Schizophrenen«, der »mit der Natur« ist, in dem die Möglichkeit eines »homo natura« aufscheint. Das Mit-der-Natur-Sein des »Schizophrenen« interpretieren Deleuze/Guattari jedoch nicht idealistisch, sondern materialistisch als »Produktionsprozeß«:

»Das Umherschweifen des Schizophrenen gibt gewiß ein besseres Vorbild ab als der auf der Couch hingestreckte Neurotiker. Ein wenig freie Luft, Bezug zur Außenwelt. Beispielsweise die Wanderung von Büchners Lenz. Wie anders dagegen jene Augenblicke beim guten Pastor, in denen dieser ihn nötigt, sich erneut gesellschaftlich: in Beziehung zum Gott der Religion, zum Vater, zur Mutter, anzupassen. Dort aber ist er im Gebirge, im Schnee, mit anderen Göttern oder ganz ohne Gott, ohne Vater noch Mutter, ist er mit der Natur. ›Was will mein Vater? Kann er mehr geben? Unmöglich! Laßt mich in Ruhe!‹ Alles ist Maschine. Maschinen des Himmels, die Sterne oder der Regenbogen, Maschinen des Gebirges, die sich mit den Maschinen seines Körpers vereinigen. Ununterbrochener Maschinenlärm. ›... aber er meine, es müsse ein unendliches Wonnegefühl sein, so von dem eigentümlichen Leben jeder Form berührt zu werden, für Gesteine, Metalle, Wasser und Pflanzen eine Seele zu haben, so traumartig jedes Wesen in der Natur in sich aufzunehmen, wie die Blumen mit dem Zu- und Abnehmen des Mondes der Luft.‹ Eine

146                                            *IV. Texte zur Diskussion*

Maschine aus Chlorophyll oder aus Protoplasma sein, oder
doch wenigstens seinen Körper wie ein Teilstück in ähnliche
Maschinen gleiten lassen können. Lenz hat die Ebene des
Bruchs von Mensch und Natur hinter sich gelassen und befindet sich damit außerhalb der von dieser Trennung bedingten
Orientierungsmuster. Er erlebt die Natur nicht als Natur,
sondern als Produktionsprozeß. Nicht Mensch noch Natur
sind mehr vorhanden, sondern einzig Prozesse, die das eine
im anderen erzeugen und die Maschinen aneinanderkoppeln.
Überall Produktions- oder Wunschmaschinen, die schizophrenen Maschinen, das umfassende Gattungsleben: Ich und
Nicht-Ich, Innen und Außen wollen nichts mehr besagen.«

> Gilles Deleuze / Félix Guattari: Anti-Ödipus. Kapi-
> talismus und Schizophrenie I. Frankfurt a. M.:
> Suhrkamp, 1974 (stw 224.) S. 7 f. – © Suhrkamp
> Verlag Frankfurt am Main 1974.

Heinar Kipphardts (1922–82) Roman *März* (München
1976), in dem mosaikartig und multiperspektivisch das Leben
des dichtenden Schizophrenen März geschildert wird, ist ein
engagiertes Plädoyer für die Anti-Psychiatrie. Von einem
Sepp genannten, in der psychiatrischen Klinik nur noch ver-
wahrten, aber nicht behandelten Patienten heißt es im Roman
(S. 104): »So lebte er dahin [. . .].« Aufgefordert, mit Hilfe des
Psychiaters »die Wahrheit über sich selbst« zu finden und so
die Voraussetzung für seine Heilung zu schaffen, antwortet
der schizophrene März (S. 120): »Ach ja, Herr Doktor, ja, ja,
ja, ja« und läuft – wie es sein literarischer Leidensbruder Lenz
im Gebirg tun möchte – »auf den Händen davon«. Die anti-
psychiatrische Tendenz des Romans artikuliert am deutlich-
sten der junge, um Verständnis für seinen Patienten bemühte,
mit ihm fraternisierende Psychiater Kofler, unter dessen
»Notizen« sich folgende Reflexionen über Schizophrene und
Schizophrenie, über Psychiater und Psychiatrie finden:

»Niemand ist heute so weit, die Schizophrenie unmittelbar
aus der familiären oder sozialen Situation abzuleiten. Was wir
tun können ist, die interfamiliäre und soziale Umwelt der

## 1. Der »Lenz« und die Anti-Psychiatrie          147

Schizophrenen genau zu beschreiben bis wir die Teile in einen sinnvollen Zusammenhang bringen können. Wir suchen für das ganz außergewöhnliche Bild der Schizophrenie ganz außergewöhnliche Erlebnisse, es scheint aber, es genügen die ganz gewöhnlichen Schrecknisse mit denen wir alle nur mühsam fertig werden. Der Schizophrene ist ein Leidensgefährte. Er leidet an einem Reichtum inneren Lebens, und er möchte sein, was er wirklich ist.«

»Die Geisteskranken sind die Neger unter den Kranken, die Itakas, und Kameltreiber. Wie diese sind sie die Opfer von Vorurteilen, die mit der Wirklichkeit des Wahns nichts zu tun haben. Die Irren gelten als gefährlich, aggressiv, herausfordernd, unberechenbar, heimtückisch, hemmungslos, gewalttätig und unheilbar. Deshalb muß man sie an abgelegene Orte bringen, wo sie unter Kontrolle sind, niemanden gefährden, öffentliches Ärgernis nicht erregen. Die Aufgabe der Anstalt ist folgerichtig die Aufsicht über den Kranken, nicht die Beschäftigung mit ihm und seinen Problemen. Allein das Etikett des Irreseins bewahrt davor, sich in seine Fragen einzulassen. Die Behandlung hat zum Ziele, das vermeintliche oder tatsächliche Störpotential des Kranken herabzusetzen und ihn dazu zu bringen, die Anstalt zu akzeptieren. Das Leben in der Anstalt bringt den Kranken in einen Zustand von Apathie, Desinteresse und Passivität, der die ursprüngliche Störung überlagert und den Weg zur Person des Kranken und seiner Heilung vollständig blockiert. Der Zweck der Anstalt, Aufsicht und Verwahrung, zeigt sich schon in deren Architektur.

Der perfekte Patient ist der ganz und gar gezähmte Patient, der sich der Autorität der Pfleger und des Arztes unterwürfig anpaßt, dem Deformationsprozeß des Anstaltlebens zustimmt und jede Auflehnung für einen Ausdruck seiner Krankheit hält. Durch diesen Verlauf sieht der Psychiater seine ursprüngliche Annahme bestätigt, daß es sich bei der unverständlichen psychotischen Störung um eine biologische Abartigkeit handelt, die man nicht heilen, sondern nur isolieren kann.

148                                        *IV. Texte zur Diskussion*

Das ist die Konkurssituation der gewöhnlichen Anstaltspsychiatrie. Wenn man sie aufheben soll, muß man sich dem Kranken als einem Menschen nähern, den man verstehen will, den man als Partner respektiert, der einem vielleicht mehr zu sagen hat als Professor Feuerstein, der fröhliche Organiker, Kunstfreund und gesunde Äpfelesser.«

»Der Psychiater ist der Delegierte der Gesellschaft, der ihr die Abweichung vom Hals halten soll, wenn sie nicht zu korrigieren ist. Mehr oder weniger verschleiert ist das sein gesellschaftlicher Auftrag. Andererseits war sein persönlicher Grund, Psychiater zu werden, das Interesse an der Abweichung und seine Nähe zu ihr, der Wunsch, das Labyrinth zu betreten. Will er den Auftrag der Gesellschaft erfüllen, muß er dazu kommen, das ursprüngliche Interesse dem Patienten nur noch vorzutäuschen, um ihn zu hintergehen, will er seinem ursprünglichen Impuls folgen, muß er sich mit dem Patienten verbünden und seinen Auftraggeber hintergehen.«

»Die psychisch Kranken scheinen die Irrläufer zu sein, die an irgendeinem Punkt ihrer Kindheit oder Jugend aus dem normalen Prozeß der Herstellung des asketischen, aber produzierenden Sklaven, der unser Erziehungsideal ist, herausgeschleudert wurden. Irgendwann waren sie dem Druck der Erziehungsapparaturen nicht gewachsen und erlitten nicht regulierbare Schäden, wurden die Besonderheit, die Ausnahme von der Regel. In unserer Kultur ist es die Aufgabe der Psychiatrie, die Irrläufer der Produktion zurückzugeben, ohne das Produktionsziel zu untersuchen. Der Psychiater macht aus der Besonderheit den Fall, aus der Abweichung die Beschädigung verschiedener Grade. Lack- und leichte Formschäden werden versuchsweise behoben und dem Produktionsfluß zurückgegeben. Kernschäden werden aussortiert, Rehabilitation und Verwahrung.

Die besseren Psychiater gehen davon aus, daß ihre therapeutische Arbeit darin besteht, die falschen, subjektiven Perspektiven des Patienten in die richtigen, objektiven des Therapeuten zu verwandeln. Dies sind aber die Perspektiven

unserer kranken Gesellschaft. Ich kann dem Schizophrenen nur nahe kommen, wenn ich mich wenigstens frage, ob er mir nicht mehr über die innere Welt beibringen kann als ich ihm. Da bin ich auf dem Weg zu ihm.
Die Schizophrenie ist nicht nur ein Defekt. Ich spüre im psychotischen Verhalten vieler Kranker einen unerkannten Wert, einen menschlichen Entwurf anderer Art. Jede wirkliche Entdeckung hat den abweichenden Blick zur Voraussetzung.«

> Heinar Kipphardt: März. Roman. Reinbek bei Hamburg: Rowohlt, 1978. (rororo 4259.) S. 40, 80 f., 110, 122 f. – © Rowohlt Verlag GmbH, Reinbek bei Hamburg. Mit Genehmigung von Pia-Maria Kipphardt.

## 2. Drei *Lenz*-Lesarten (Pascal, Sengle, Großklaus)

ROY PASCAL (geb. 1904) analysiert die Rolle des Erzählers in Büchners *Lenz*, eruiert »zwei Perspektiven« der Erzählung, die des Erzählers bzw. Autors und die der Lenz-Figur, die sich häufig ununterscheidbar überlagern und durchdringen, und erläutert die Konsequenzen, die sich aus dem stilistischen und erzähltechnischen Kunstgriff der doppelten Perspektive (der ›dual voice‹ und der ›erlebten Rede‹) für den Leser ergeben:

»The narrator of *Lenz* does not submerge himself in his character Lenz [. . .]. He retains his separateness throughout, as an external observer who strings the story together and one who, for instance, can describe the external appearance of Lenz and explicitly report what Lenz does, says, or thinks. This narrator is not omniscient; or, at any rate, he confines himself to the field of action and consciousness of Lenz himself; other persons, like Oberlin, Kaufmann, or the peasants, who are of course beyond the scope of Lenz's full understanding, have the same opacity for the narrator. Can we delineate his character? He is, of course, not at all a personalized fictitious narrator such as is often invented as the

IV. Texte zur Diskussion

mouthpiece of a story. We do not make any image of him, in
fact we are hardly conscious that the story is told by a person.
Yet there are clear indications of an authorial role. The tone is
sometimes close to that of a diary, recording events in a rather
terse, economical, even dry fashion, as if to serve as a
memorandum; Büchner seems in part to have borrowed the
dry tone of Oberlin's record, recognizing and enhancing its
power, and also discovering a new function for it. Journeys or
scenes may be described in the form of a schedule of items,
without verbs or elaboration; but this diary-like brevity may
[...] illuminate here Lenz's state of mind. A similar effect is
achieved by the summary sketch of the graveyard of the
church where Lenz preaches (there are no such descriptive
passages in Oberlin's record).
The equable, almost dry tone is maintained even in situations
of tensions, for instance for the account of Lenz's visit to the
cottage where he sees the sick girl, the old woman praying,
the faith-healer who sees visions. Emotion, excitement seem
almost deliberately to be excluded, the rhythms are unobtru-
sive, adjectival colouring restrained. This sobriety of tone
seems to establish authenticity. The highly emotive language
that also occurs, that communicates Lenz's ecstasies and
panic, predominantly emanates from Lenz himself, even if
communicated by the narrator; and the effect of its violence is
heightened through the contrast with the restrained sobriety
of the narrator's own account, which serves as a gray back-
ground against which the colours of Lenz's spiritual tragedy
stand out brilliantly. Büchner must have observed this unin-
tended effect in Oberlin's account.
It is only very occasionally that the narrator of the Novelle
falls out of the role of objective recorder; when for instance
the sick girl is described as bearing ›einen Ausdruck unbe-
schreiblichen Leidens‹, the expression interprets above all
Lenz's response. But towards the end of the Novelle we read
that Lenz looked at Oberlin ›mit dem Ausdruck unendlichen
Leidens‹, and this is indeed a true authorial comment, that
reminds the reader of occasional expressions of compassion in

## 2. Drei »Lenz«-Lesarten (Pascal, Sengle, Großklaus) 151

Oberlin's account (some of which Büchner adopted). The description of the moonlit landscape when the warders bring Lenz back to Strassburg must also be authorial, for Lenz is at this time too deeply sunk in apathy to respond to the world about him. Sometimes, too, the author gives explanatory comments on Lenz's mental state, such as his suggestion that Lenz's suicidal attempts were due less to a desire to die than to a wish to rescue himself from apathy or panic by physical pain. But the narrator's voice, whether dry or explanatory, never for a moment obscures a profound compassion. The constant attentiveness itself is sufficient proof of the narrator's concern, but its chief demonstration occurs through the repeated stylistic identification with Lenz, the presentation of his responses, his delusions, his torments; this is more powerful than explicit sympathy, emotive adjectives, or special pleading.

Can we discover other features of this ›author‹ or ›narrator‹? I do not think so. He is never in any sense present in the flesh. We are not only very far from a fictitious narrator like Thomas Mann's Zeitblom or any of Raabe's narrator-figures, but also far from the narrative situation of Goethe's *Die Wahlverwandtschaften* in which, though no narrator is ever mentioned, yet we can imagine the sort of person who is telling this story, his age, his moral disposition and his affections. At the same time it is not satisfactory to think of Büchner himself as being identical with the ›author‹ who speaks in this particular tone and reports these incidents. It is clear that much of the personality of the historic Büchner is eliminated from the tale, Büchner has put on a story-teller's cap and is playing a role. So that, when speaking of the two perspectives of the narrative that will become evident, while we can reasonably call one that of Lenz, we are in difficulties with the other. There seems no way of avoiding calling it the perspective of the author or the narrator, though both of these terms remain misleading; and for this reason either of these terms is used in this essay. It is this impersonal, indefinable narrator which, historically, has created the conditions under which free indirect speech could flourish, as I have pointed out in *The Dual Voice*. This comes about technically because ›he‹ can claim authoritative knowledge of psychological processes in any character, that a personalized narrator cannot have; and psychologically because the frequent shift of perspective to the character (in our case, Lenz) or, better, the frequent fusing of the narratorial perspective with that of the character, can occur with the greatest smoothness and ease when the narrator's perspective is not limited and coloured by being specific.«

»The Novelle is [. . .] not a clinical study of a paranoia, precise and profound though it is as a case-study. [. . .]
What [. . .] turns it into something more than a clinical investigation, with its sharp separation of observer and patient, is first and foremost the transference of the narrative perspective to Lenz himself, that we have seen to be the characteristic feature of the style from its first words. Its result is that we, the readers, are not asked or allowed to remain apart from the character described, but share his experience, his raptures, fears, and delusions. Because of this, something other than rational understanding of a case becomes the purpose of our reading; the goal is inconspicuously enlarged to imaginative understanding. We are ourselves enriched, we break through the shell that prudently protects us normally from excessive sensibility and excessive concern.
But one sort of understanding does not exclude or cancel the other. Both purposes remain, the other-directed rational, with perhaps even a charitable, psychiatric, or practical outcome, and the self-directed imaginative, which is its own fulfilment. For at no time are we so ›carried away‹ that we lose our identity in Lenz's, and this is so because we do not lose the sense of the presence of the author, the unnamed and unnameable narrator, who is emphatically there in the simplest sense of commentator as well as in the very complex form of the transmitter of Lenz's own vision. And where we are aware of a recorder's presence, our own identity asserts

## 2. Drei »Lenz«-Lesarten (Pascal, Sengle, Großklaus)    153

itself in some region of our consciousness. The two perspectives, the author's and Lenz's, are not rigidly separate, mechanical alternatives, but often are almost indistinguishably mingled, with the result that as we read we do not laboriously switch our perspective from time to time, but have both continuously at the ready. I find it difficult to define this complex mode of mental experience, in which we are at the same time both within and outside another person, though I do not believe it is so very rare in normal life. Here however I must be content to say that we read with a multiple consciousness, adopting at the same time the vision of Lenz, that of the narrator, and perhaps other possibilities that we ourselves invent. Bertolt Brecht made many laborious attempts theoretically to define how aesthetic participation in a literary work may be combined with critical aloofness, and invented some brilliant solutions in his plays. In Büchner's Novelle [...] the two attitudes of imaginative participation and observation are fused with unforced ease.«

Roy Pascal: Büchner's »Lenz« – Style and Message.
In: Oxford German Studies 9 (1978) S. 72–74, 82 f.

Unter der Überschrift »›Lenz‹ als polizeigerechtes Gegenstück zu ›Wally die Zweiflerin‹« führt FRIEDRICH SENGLE (geb. 1909) im Büchner-Kapitel seines Werks über die ›Biedermeierzeit‹ aus:

»Möglicherweise haben die Büchnerinterpreten recht, die Büchners *religiöse Sehnsucht* betonen. Die christlichen Motive sind so häufig, daß sie nicht nur eine Anpassung an seine christliche Umgebung in Straßburg und an seine noch im Christentum verwurzelte Epoche sein können. Büchner möchte glauben; aber *er kann es angesichts der Ohnmacht Gottes nicht*. Wenn sich Lenz wie Robespierre und Danton mit Christus vergleicht und, vor dieser ›Profanation‹, ein Kind vom Tode zu erwecken versucht, so kann ich diesen Vorgang nicht so ernst nehmen wie manche Büchner-Interpreten. Denn dieser Versuch betrifft keine menschenmögliche Handlung wie die Revolution Dantons und Robespierres, sondern bezeugt schon den Wahnsinn des jungen Theologen. Oberlin, der die fehlgeschlagene Totenerweckung ohne jeden Kommentar erzählt, scheint der gleichen Meinung zu sein. Büchner benutzt den Vorgang nur, um den Zusammenbruch von Lenzens Glauben vorzubereiten: ›Der Wind klang wie ein Titanenlied, es war ihm, als könnte er eine ungeheure Faust hinauf in den Himmel ballen und Gott herbei reißen und zwischen seinen Wolken schleifen; als könnte er die Welt mit den Zähnen zermalmen und sie dem Schöpfer in's Gesicht speien‹. An dieser Stelle sehe ich mit Heinz Fischer den Wendepunkt der Novelle, während der Besuch Kaufmanns den Dichter – der Stil verrät es – nicht entfernt so lebhaft interessiert wie seine marxistischen Interpreten. *Von der Zensur her gesehen* – zunächst für die *Deutsche Revue* s. o. – *benützt der Dichter die Rolle des wahnsinnigen Lenz; um dem Zweifel an Gott so kräftig Ausdruck zu verleihen, wie dies auf dem direkten Wege damals kein Schriftsteller durfte, ohne ins Gefängnis zu kommen* (vgl. Gutzkows Haft nach *Wally die Zweiflerin*). Die Zensoren konnten unmöglich auch noch mit den Quellen vergleichen. Das wußte Büchner. Büchner war der reifere Revolutionär; aber er schrieb nicht für die Ewigkeit, sondern, genau wie Gutzkow, für den gleichzeitigen deutschen Buchmarkt. Eine Reaktion der Zensur auf die blasphemische (›historische‹) Erzählung ist mir nicht bekannt, obwohl es der verbotene Gutzkow war, der sie im *Telegraphen* (1839) publizierte.«

> Friedrich Sengle: Biedermeierzeit. Deutsche Literatur im Spannungsfeld zwischen Restauration und Revolution 1815–1848. Bd. 3: Die Dichter. Stuttgart: Metzler, 1980, S. 321 f.

Götz GROSSKLAUS (geb. 1933) wendet in seiner *Lenz*-Interpretation die »sozial-symbolische Lesart« an:

»Man könnte [...] die Erzählung von vornherein so lesen, daß die individualgeschichtlich-biographischen Daten sofort als eingelassen erscheinen in ein kollektivgeschichtliches Datenfeld. Diese Lesart böte die Chance, die private Kran-

## 2. Drei »Lenz«-Lesarten (Pascal, Sengle, Großklaus) 155

kengeschichte gleichzeitig immer auch als Ausdruck nicht-
privater, kollektiver Krisenzustände des gesellschaftlichen
Systems zwischen den großen industriellen und politischen
Revolutionen (1789–1830) zu verstehen. Gewissermaßen
sich anstauender privater Wahnsinn verweist auf den allgemeinen pathologischen Zustand der Gesellschaft. Soziale
Krankheit entsteht – sinngemäß nach *Mitscherlich* – wenn die
von der Gesellschaft normalerweise parat gehaltenen Soziali-
sationsmuster, der Sinnrahmen an allgemeiner Verbindlichkeit so eingebüßt haben, daß Orientierung und Sozialisierung
des Einzelnen nicht mehr sicher und automatisch gewährlei-
stet ist. Die Lenz-Figur könnte unter diesem Blickwinkel
gesehen werden. Die soziale Integration mißlingt auch dem
historischen Lenz auf verschiedenen Ebenen: Identität können ihm die traditionellen Berufsrollenbilder für den kritischen Intellektuellen in der frühbürgerlichen Gesellschaft
(Hofmeister, Theologe/Pfarrer) nicht mehr verbürgen. Die
traditionellen Sinn-Orientierungsmuster (Religion) verlieren
für ihn ihre Verbindlichkeit und Gültigkeit. Private Integra-
tionsmuster wie etwa das bürgerliche Institut der Ehe bleiben
unausgefüllt (seine unglückliche Liebe zu Friederike Brion)
etc. Die kollektiven Anteile mißlingender privater Integration sind unübersehbar: die Krise des alten Herrschaftssystems des Sinns (der im wesentlichen religiös-christlichen
Interpretation der Welt) – Krise und Zusammenbruch des
sozialen Herrschaftssystems in Frankreich nach der Revolution – Verdeutlichung der Stände- und Klassendifferenzen
etc.
In Anlehnung an den authentischen Oberlin-Bericht schildert Büchner das Endstadium einer sozialen Krankheit. Das
soziale Krankheitsbild der Schizophrenie bestände in der
wahnhaft sich steigernden Erfahrung der absoluten Isolation,
des ›Getrennt-Seins‹, des ›ungeheuren Risses‹, den die Welt
hat – eben des Gespaltenseins bis hin zu dem Punkt, die
Spaltung auch als durch den eigenen Kopf verlaufend zu erleben.
Dieser gesteigerten Wahnerfahrung der existentiell-sozialen
Trennung, des Getrenntseins (von Eltern, der Geliebten, von

Gott, von den angebotenen Berufs- und Arbeitsrollen, von allem zur Verfügung stehenden Sinn etc.) stehen in der von Büchner beschriebenen Phase verzweifelte Versuche gegenüber, Trennung, Fremdheit und Angst vor der absoluten Einsamkeit zu überwinden. Lenz macht den privat-vereinzelt, untauglichen Versuch, die Einheit des Lebenszusammenhangs für sich wiederherzustellen, die kollektiv-historisch aufbrechende Widersprüchlichkeit am Wendepunkt zur sog. Moderne noch einmal zu harmonisieren. Diese selbsttherapeutischen Versuche sind gerichtet auf den gegen-gesellschaftlichen Raum der *Natur*; sie sind bezogen noch einmal auf den Sinnbereich der Religion, auf die göttliche Gnade, auf die Allmacht Gottes, der ›ein Zeichen an ihm tun‹ soll; sie sind bezogen in diesem Zusammenhang auch auf die erlernte Berufsrolle des Pfarrers, Seelsorgers einer Gemeinde – und sind schließlich bezogen auf die kleinen intakten Solidargemeinschaften der Familie Oberlins, aber auch der des seltsamen Heiligen in den Bergen. Von der Sicherheit und Geborgenheit und Ordnung des Lebens in diesen Kleingemeinschaften möchte er – der von außen kommende Fremdling – etwas abborgen für sich. In all diesen letzten Versuchen möchte Lenz seine Selbst- und Gesellschaftsentfremdung rückgängig machen. Er möchte als Mitglied in die Kleingemeinschaft der Familie aufgenommen werden. Was die Ständegesellschaft ihm versagt, verspricht er sich von der solidarischen Kleingruppe. Als predigender Pfarrer möchte er noch einmal auf gleiche Weise Mitglied der Solidargemeinschaft aller Armseligen und Bedrückten sein: zu ihnen gehören im Gefühl des Leids. Doch so wie Gott kein Zeichen an ihm tut, ›spricht‹ auch die Natur nicht zu ihm; er bleibt ein Fremder in der Familie, ein Ausgewiesener, als Oberlin sich zum Abbruch seines Heilversuchs entschließt und Lenz in einer Kutsche nach Straßburg bringen läßt. Alle Anstrengungen von Lenz, verlorene Lebenseinheit als verlorene gesellschaftliche Heimat, als verlorene soziale Identität wiederzugewinnen, sind zum Scheitern verurteilt. Von diesem schrittweisen Scheitern handelt die Erzählung Büchners.«

## 2. Drei »Lenz«-Lesarten (Pascal, Sengle, Großklaus) 157

»Das ›heimliche‹ Zimmer des Pfarrhauses, der heimatliche Raum der anderen weckt in Lenz die Erinnerung an die eigene (livländische) Heimat. Das Wort ›heimlich‹ ist eines der Schlüsselwörter der Erzählung, gerade weil sie die Geschichte eines Heimatlosen ist, eines sozial und gesellschaftlich Ortlosen.
In diesem Sinn bekommt die von Büchner aufgegriffene Privatgeschichte des Dichters Jakob Michael Reinhold Lenz eine paradigmatische Bedeutung. Das private Schicksal des Verlustes des sozialen Ortes [...] steht stellvertretend für den geschichtlichen Vorgang eines allgemeinen Verlustes von Nähe, von überschaubarer Räumlichkeit, von Heimat, eines ›Zerfalls des räumlichen Horizonts‹, wie er sich an der Wende zur eigentlichen Moderne in beschleunigtem Tempo abzuzeichnen beginnt.
Dokumentarisch erfaßt die erzählte Geschichte Büchners in etwa den Zeitraum von 1778 bis ca. 1835. Vom 20. 1. 1778 bis März [!] 1778 hatte sich der historische Lenz in Waldbach (Waldersbach) im Steintal, in den Vogesen bei Oberlin aufgehalten. Oktober 1835 berichtet Büchner über das Lenz-Projekt in einem Brief an seine Eltern.
*M. Foucault* datiert den Übergang zur Moderne auf den Zeitraum von 1775–1825. Als der historische Lenz sich 1778 in Waldbach aufhält, haben sich die entscheidenden geschichtlichen Prozesse des Umbruchs in Gang gesetzt; als Büchner 1835 die Privatgeschichte des Dichters Lenz paradigmatisch verarbeitet, hat sich der Übergang zur Moderne vollzogen. Der Kontext der Moderne, aus dem heraus die Lenz-Episode in den Vogesen neu erzählt wird, liefert eine neue Verständigungs-Perspektive.«

»Bleiben wir bei unserer sozial-symbolischen Lesart, dann wären diese Lenzschen Ängste zu verstehen als Ausdruck jener kollektiven Schwellenängste, wie sie verläßlich zumindest für bürgerliche Gesellschafte[n] als unmittelbare Antwort auf die in beschleunigtem geschichtlichen Tempo erfolgten Umwälzungen seit ca. 1780 beschrieben werden können.

Die vertrauten Konturen der gesellschaftlichen Welt: von *Natur und Haus* verwischen sich, verlieren sich: Trauer über das, was unwiederbringlich als verloren gilt – Angst vor dem, was geschichtlich-notwendig zukünftig sein wird.
Büchner ist radikal genug, das romantisch sehnsüchtige Schlußbild sofort wieder geschichtlich zu löschen:
›Am folgenden Morgen bei trübem regnerischem Wetter traf er in Straßburg ein‹.
Der nächste Tag ist angebrochen. Der Zeit- und Geschichtsprozeß ist notwendig unumkehrbar, er verläuft zukünftig. Büchner ist radikal genug, seinem Lenz die Rückwege zu verlegen. Rückwärtige Einrichtungen in der Wirklichkeit sind nicht möglich, gegengeschichtliche Rückzüge auf die agrarisch-ständisch-vorindustrielle Ordnung der Räume von Natur und Haus sind zum Scheitern verurteilt. Die Trennung von der alten Welt ist endgültig.«

Götz Großklaus: Haus und Natur. Georg Büchners »Lenz«. Zum Verlust des sozialen Ortes. In: Recherches germaniques 12 (1982) S. 68–70, 73, 76 f.

# V. Literaturhinweise

## 1. Abkürzungen und Siglen

| | |
|---|---|
| Dedner / Oesterle | Burghard Dedner / Günter Oesterle (Hrsg.): Zweites Internationales Georg Büchner Symposium 1987. Referate. Frankfurt a. M. 1990. (Büchner-Studien. 6.) |
| DWb. | Deutsches Wörterbuch. [Begr.] von Jacob Grimm und Wilhelm Grimm. 32 Bde. [Bd. 1–16 in 32 Tln.] Leipzig 1854–1954. Erg.-Bd.: Quellenverzeichnis. Ebd. 1971. – Reprogr. Nachdr. 33 Bde. München 1984. |
| GB I/II | Georg Büchner I/II. Hrsg. von Heinz Ludwig Arnold. München 1979. ²1982. (Text + Kritik. Sonderband.) |
| GB III | Georg Büchner III. Hrsg. von Heinz Ludwig Arnold. München 1981. (Text + Kritik. Sonderband.) |
| GBJb. | Georg Büchner-Jahrbuch. |
| Hauschild | Jan-Christoph Hauschild: Georg Büchner. Studien und neue Quellen zu Leben, Werk und Wirkung. Mit zwei unbekannten Büchner-Briefen. Königstein i. Ts. 1985. (Büchner-Studien. 2.) |
| Katalog Darmstadt | Georg Büchner 1813–1837. Revolutionär, Dichter, Wissenschaftler. Der Katalog [zur] Ausstellung Mathildenhöhe Darmstadt. 2. August bis 27. September 1987. Basel / Frankfurt a. M. 1987. |
| Katalog Marburg | Georg Büchner. Leben, Werk, Zeit. Katalog [der] Ausstellung zum 150. Jahrestag des »Hessischen Landboten«. Bearb. von Thomas Michael Mayer. Marburg 1985. ³1987. |
| Martens | Wolfgang Martens (Hrsg.): Georg Büchner. Darmstadt 1965. 3. Aufl. 1973. (Wege der Forschung. 53.) |
| Poschmann I | Georg Büchner: Sämtliche Werke, Briefe und Dokumente in zwei Bänden. Hrsg. von Henri Poschmann. Bd. 1: Dichtungen. Hrsg. von Henri Poschmann unter Mitarb. von Rosemarie Poschmann. Frankfurt a. M. 1992. (Bibliothek deutscher Klassiker. 84.) |
| WuB | Georg Büchner: Werke und Briefe. Nach der hist.-krit. Ausg. von Werner R. Lehmann. Kommentiert von Karl Pörnbacher [u. a.]. München / Wien 1980. |

160                                        V. Literaturhinweise

## 2. Ausgaben

Lenz. Eine Reliquie von Georg Büchner. [Hrsg. von Karl Gutzkow.] In: Telegraph für Deutschland (Hamburg), Nr. 5, 7–11, 13
und 14. Januar 1839. S. 34–40, 52–56, 59–62, 69–72, 77 f., 84–87,
100–104, 108–111.

Nachgelassene Schriften. [Hrsg. von Ludwig Büchner.] Frankfurt
a. M.: Sauerländer, 1850.
Sämtliche Werke und handschriftlicher Nachlaß. Erste kritische Ge-
samtausgabe. Eingel. und hrsg. von Karl Emil Franzos. Frankfurt
a. M.: Sauerländer, 1879.
Gesammelte Schriften. Hrsg. von Paul Landau. 2 Bde. Berlin: Cassi-
rer, 1909.
Sämtliche Werke und Briefe. Auf Grund des handschriftlichen
Nachlasses Georg Büchners hrsg. von Fritz Bergemann. Leipzig:
Insel-Verlag, 1922.
Werke und Briefe. Gesamtausgabe. Hrsg. von Fritz Bergemann.
11., berichtigte Aufl. Frankfurt a. M.: Insel-Verlag, 1968.
Sämtliche Werke und Briefe. Hist.-krit. Ausg. mit Kommentar.
Hrsg. von Werner R. Lehmann. Bd. 1: Dichtungen und Überset-
zungen mit Dokumentationen zur Stoffgeschichte. Hamburg:
Wegner, [1967]. 3. Aufl. München: Hanser, 1979. Bd. 2: Ver-
mischte Schriften und Briefe. Hamburg: Wegner, 1971.
Werke und Briefe. Nach der hist.-krit. Ausg. von Werner R. Leh-
mann. Kommentiert von Karl Pörnbacher [u. a.]. München /
Wien: Hanser, 1980.
Lenz. Studienausgabe. Im Anhang: Johann Friedrich Oberlins Be-
richt »Herr L. . . .« in der Druckfassung »Der Dichter Lenz, im
Steintale« durch August Stöber und Auszüge aus Goethes »Dich-
tung und Wahrheit« über J. M. R. Lenz. Hrsg. von Hubert
Gersch. Stuttgart: Reclam, 1984. (Universal-Bibliothek. 8210.)
Gesammelte Werke. Erstdrucke und Erstausgaben in Faksimiles.
10 Bändchen in Kassette. Hrsg. von Thomas Michael Mayer.
Frankfurt a. M.: Athenäum-Verlag, 1987.
Werke und Briefe. Münchner Ausgabe. Hrsg. [und kommentiert]
von Karl Pörnbacher, Gerhard Schaub, Hans-Joachim Simm und
Edda Ziegler. München / Wien: Hanser, 1988. – Dass. München:
Deutscher Taschenbuch Verlag, 1988. ⁵1995.
Sämtliche Werke, Briefe und Dokumente in zwei Bänden. Hrsg.
von Henri Poschmann. Bd. 1: Dichtungen. Hrsg. von Henri

## V. Literaturhinweise

Poschmann unter Mitarb. von Rosemarie Poschmann. Frankfurt a. M.: Deutscher Klassiker Verlag, 1992. (Bibliothek deutscher Klassiker. 84.)

### 3. Dokumentationen

#### a) Bibliographien

Schlick, Werner: Das Georg Büchner-Schrifttum bis 1965. Eine internationale Bibliographie. Hildesheim 1968.

Petersen, Klaus-Dietrich: Georg Büchner-Bibliographie. In: Philobiblon 17 (1973) S. 89–115.

Knapp, Gerhard P.: Kommentierte Bibliographie zu Georg Büchner. In: GB I/II. S. 426–455.

Mayer, Thomas Michael [u. a.]: Georg Büchner-Literatur 1977 bis 1980. In: GBJb. 1 (1981) S. 319–350.

Bischoff, Bettina / Mayer, Thomas Michael / Wißkirchen, Hans: Georg Büchner-Literatur 1981–1984 (mit Nachträgen). In: GBJb. 4 (1984) S. 363–406.

Lietz, Christine / Mayer, Thomas Michael / Stockmann, Kristina: Georg Büchner-Literatur 1985–1987 (mit Nachträgen). In: GBJb. 6 (1986/87) S. 407–456.

Lietz, Christine / Mayer, Thomas Michael: Georg Büchner-Literatur 1988/89 (mit Nachträgen). In: GBJb. 7 (1988/89) S. 415–437.

#### b) Forschungsberichte

Knapp, Gerhard P.: Georg Büchner. Eine kritische Einführung in die Forschung. Frankfurt a. M. 1975. (Fischer Athenäum Taschenbücher. 2069.)

Mayer, Thomas Michael: Zu einigen neueren Tendenzen der Büchner-Forschung. Ein kritischer Literaturbericht. Tl. 1. In: GB I/II. S. 327–356. Tl. 2. In: GB III. S. 265–311.

#### c) Briefe, Chronik, Wortindex

Briefe Gutzkows an Georg Büchner und dessen Braut. Mitgeteilt von Charles Andler. In: Euphorion 4 (1897) Erg.-H. 3. S. 181 bis 193. [Zit. als: Andler.]

Ein unbekannter Brief Georg Büchners. Mit biographischen Miszellen aus dem Nachlaß der Gebrüder Stoeber. Mitgeteilt von

162 V. *Literaturhinweise*

Werner R. Lehmann und Thomas Michael Mayer. In: Euphorion 70 (1976) S. 175–186. [Zit. als: Lehmann / Mayer.]

Georg Büchner an »Hund« und »Kater«. Unbekannte Briefe des Exils. Hrsg. von Erika Gillmann, Thomas Michael Mayer, Reinhard Pabst und Dieter Wolf. Marburg 1993.

Georg Büchner: Briefwechsel. Kritische Studienausgabe von Jan-Christoph Hauschild. Basel / Frankfurt a. M. 1994.

Mayer, Thomas Michael: Georg Büchner. Eine kurze Chronik zu Leben und Werk. In: GB I/II. S. 357–425.

Rössing-Hager, Monika: Wortindex zu Georg Büchners Dichtungen und Übersetzungen. Berlin 1970.

d) Büchner-Preis-Reden

Büchner-Preis-Reden 1951–1971. Mit einem Vorw. von Ernst Johann. Stuttgart 1972 [u. ö.] (Reclams Universal-Bibliothek. 9332.)

Büchner-Preis-Reden 1972–1983. Mit einem Vorw. von Herbert Heckmann. Stuttgart 1984. (Reclams Universal-Bibliothek. 8011.)

Büchner-Preis-Reden 1984–1994. Hrsg. von der Deutschen Akademie für Sprache und Dichtung. Vorw. von Herbert Heckmann. Stuttgart 1994. (Reclams Universal-Bibliothek. 9313.)

e) Ausstellungs-Kataloge

Georg Büchner. Leben, Werk, Zeit. Katalog [der] Ausstellung zum 150. Jahrestag des »Hessischen Landboten«. Bearb. von Thomas Michael Mayer. Marburg 1985. [3]1987.

Georg Büchner. Bilder zu Leben und Werk. Bearb. von Jan-Christoph Hauschild. [Katalog der] Ausstellung des Heinrich-Heine-Instituts zum 150. Todestag Georg Büchners am 19. Februar 1987. Düsseldorf 1987.

Georg Büchner 1813–1837. Revolutionär, Dichter, Wissenschaftler. Der Katalog [zur] Ausstellung Mathildenhöhe Darmstadt. 2. August bis 27. September 1987. Basel / Frankfurt a. M. 1987.

f) Sammelwerke

Georg Büchner. Hrsg. von Wolfgang Martens. Darmstadt 1965. [3]1973. (Wege der Forschung. 53.)

Georg Büchner I/II. Hrsg. von Heinz Ludwig Arnold. München 1979. [2]1982. (Text + Kritik. Sonderband.)

## V. Literaturhinweise 163

Georg Büchner III. Hrsg. von Heinz Ludwig Arnold. München 1981. (Text + Kritik. Sonderband.)

Georg Büchner. Atti del seminario 19 e 20 marzo 1985. Palermo 1986.

Georg Büchner im interkulturellen Dialog. Vorträge des Kolloquiums vom 30. 9.–1. 10. 1987 in der Universität Aalborg. Hrsg. von Klaus Bohnen und Ernst-Ullrich Pinkert. Kopenhagen / München 1988. (Text & Kontext. Sonderreihe. 25.)

Studien zu Georg Büchner. Hrsg. von Hans-Georg Werner. Berlin / Weimar 1988.

Interpretationen. Georg Büchner. Dantons Tod, Lenz, Leonce und Lena, Woyzeck. Stuttgart 1990. (Reclams Universal-Bibliothek. 8415.)

Studia Büchneriana. Georg Büchner 1988. Hrsg. von Fausto Cercignani. Milano 1990.

Zweites Internationales Georg Büchner Symposium 1987. Referate. Hrsg. von Burghard Dedner und Günter Oesterle. Frankfurt a. M. 1990. (Büchner-Studien. 6.)

Wege zu Georg Büchner. Internationales Kolloquium der Akademie der Wissenschaften (Berlin-Ost). Hrsg. von Henri Poschmann unter Mitarb. von Christine Malende. Berlin [u. a.] 1992.


## 4. Gesamtdarstellungen

Baumann, Gerhart: Georg Büchner. Die dramatische Ausdruckswelt. Göttingen 1961. 2., durchges. und erg. Aufl. 1976.

Benn, Maurice B.: The Drama of Revolt. A Critical Study of Georg Büchner. Cambridge [u. a.] 1976.

Fischer, Heinz: Georg Büchner. Untersuchungen und Marginalien. Bonn 1972. [Zit. als: H. Fischer.]

Grab, Walter / Mayer, Thomas Michael (Mitarb.): Georg Büchner und die Revolution von 1848. Der Büchner-Essay von Wilhelm Schulz aus dem Jahr 1851. Text und Kommentar. Königstein i. Ts. 1985. (Büchner-Studien. 1.)

Hauschild, Jan-Christoph: Georg Büchner. Studien und neue Quellen zu Leben, Werk und Wirkung. Mit zwei unbekannten Büchner-Briefen. Königstein i. Ts. 1985. (Büchner-Studien. 2.)

– Georg Büchner mit Selbstzeugnissen und Bilddokumenten. Reinbek bei Hamburg 1992. (rowohlts monographien. 503.)

– Georg Büchner. Biographie. Stuttgart / Weimar 1993.

# V. Literaturhinweise

Hauser, Ronald: Georg Büchner. New York 1974.

Hinderer, Walter: Büchner-Kommentar zum dichterischen Werk. München 1977.

Issa, Hoda: Das »Niederländische« und die »Autopsie«. Die Bedeutung der Vorlage für Georg Büchners Werke. Frankfurt a. M. [u. a.] 1988.

Jancke, Gerhard: Georg Büchner. Genese und Aktualität seines Werkes. Einführung in das Gesamtwerk. Kronberg i. Ts. 1975. ³1979.

Johann, Ernst: Georg Büchner in Selbstzeugnissen und Bilddokumenten. Hamburg 1958. (rowohlts monographien. 18.)

Knapp, Gerhard P.: Georg Büchner. 2., neu bearb. Aufl. Stuttgart 1984. (Sammlung Metzler. 159.)

Knight, A. H. J.: Georg Büchner. Oxford 1951. Reprint: London / New York 1974.

Kobel, Erwin: Georg Büchner. Das dichterische Werk. Berlin / New York 1974.

Kubik, Sabine: Krankheit und Medizin im literarischen Werk Georg Büchners. Stuttgart 1991.

Mayer, Hans: Georg Büchner und seine Zeit. Frankfurt a. M. 1972. (suhrkamp taschenbuch. 58.)

Meier, Albert: Georg Büchners Ästhetik. München [1983].

Pabst, Reinhard (Hrsg.): Georg Büchner. Leben und·Werk in Bildern und Texten. Frankfurt a. M. 1996. (insel taschenbuch. 1626.)

Poschmann, Henri: Georg Büchner. Dichtung der Revolution und Revolution der Dichtung. Berlin / Weimar 1983. 3. Aufl. 1988.

Reddick, John: Georg Büchner. The Shattered Whole. Oxford 1994.

Richards, David G.: Georg Büchner and the Birth of the Modern Drama. Albany 1977.

Schmidt, Axel: Tropen der Kunst. Zur Bildlichkeit des Kunstbegriffs in Georg Büchners »Dantons Tod«, »Lenz« und »Leonce und Lena«. Wien 1991.

Thorn-Prikker, Jan: Revolutionär ohne Revolution. Interpretationen der Werke Georg Büchners. Stuttgart 1978.

Viëtor, Karl: Georg Büchner. Politik. Dichtung. Wissenschaft. Bern 1949.

Wittkowski, Wolfgang: Georg Büchner. Persönlichkeit. Weltbild. Werk. Heidelberg 1978.

Zons, Raimar St.: Georg Büchner. Dialektik der Grenze. Bonn 1976.

*V. Literaturhinweise*

## 5. Einzeluntersuchungen
### zu Büchners *Lenz* und zur *Lenz*-Rezeption

Anz, Heinrich: »Leiden sey all mein Gewinnst«. Zur Aufnahme und Kritik christlicher Leidenstheologie bei Georg Büchner. In: GBJb. 1 (1981) S. 160–168. [Zuerst erschienen in: Text & Kontext 4 (1976) H. 3 S. 57–72.]

Arendt, Dieter: Georg Büchner über Jakob Michael Reinhold Lenz oder: »die idealistische Periode fing damals an«. In: Dedner / Oesterle, S. 309–332.

Aue, Maximilian A. E.: Systematische Innerlichkeit. Überlegungen zu Georg Büchners und Peter Schneiders »Lenz«. In: Sprachkunst 15 (1984) S. 68–80.

Baumann, Gerhart: Georg Büchner: Lenz. Seine Struktur und der Reflex des Dramatischen. In: Euphorion 52 (1958) S. 153–173.

Bloch, Peter André: Räume und Grenzen in Büchners Novelle »Lenz«: Innenwelt und Außenwelt in der Verkehrung. In: Proceedings of the 12th Congress of the International Comparative Literature Association, 1988. Bd. 2. München 1990. S. 234–242.

Blunden, Allan: Notes on Georg Heym's Novelle »Der Irre«. In: German Life and Letters 28 (1974/75) S. 107–119.

Boonruang, Tawat: Die Rezeption von Büchners »Lenz« in Georg Heyms »Der Irre«. Phil. Diss. Univ. of California, Santa Barbara. Ann Arbor (Mich.) 1987.

Borst, Eva: Der Einfluß der niederländischen Genre-Malerei auf Georg Büchners Erzählung »Lenz«. In: literatur für leser (1988) H. 2. S. 98–106.

Burckhardt, Armin: »... als die Lippe mir blutet' vor Sprache«. Zum Problem des Sprachzerfalls in Büchners »Lenz« und Celans »Gespräch im Gebirg«. In: Jochen C. Schütze / Hans-Ulrich Treichel / Dietmar Voss (Hrsg.): Die Fremdheit der Sprache. Studien zur Literatur der Moderne. Hamburg 1988. (Literatur im historischen Prozeß. N. F. 23. Argument-Sonderband. 177.) S. 135–155.

Burke, Ilse H.: »Man muß die Menschheit lieben.«: Georg Büchner und J. M. R. Lenz – ein Beitrag zur Rezeptionsgeschichte. Phil. Diss. Michigan State University. Ann Arbor (Mich.) 1987.

Dedert, Hartmut [u. a.]: J.-F. Oberlin: Herr L... Edition des bisher unveröffentlichten Manuskripts. Ein Beitrag zur Lenz- und Büchner-Forschung. In: Revue des Langues Vivantes 42 (1976) S. 357–385.

# V. Literaturhinweise

Dedner, Burghard: Büchners »Lenz«: Rekonstruktion der Textgenese. In: GBJb. 8 (1990–94) S. 3–68.

Diersen, Inge: Büchners »Lenz« im Kontext der Entwicklung von Erzählprosa im 19. Jahrhundert. In: GBJb. 7 (1988/89) S. 91 bis 125.

– Büchners »Lenz« im Kontext der Entwicklung von Erzählprosa im 19. Jahrhundert. Thesen. In: Wege zu Georg Büchner. Internationales Kolloquium der Akademie der Wissenschaften (Berlin-Ost). Hrsg. von Henri Poschmann unter Mitarb. von Christine Malende. Berlin [u. a.] 1992. S. 184–192.

Durzak, Manfred: Die Modernität Georg Büchners. »Lenz« und die Folgen. In: L' 80 (1988) H. 45. S. 132–146.

– Die Gegenwärtigkeit von Büchners »Lenz«: Im Kontext modernen Erzählens. In: M. D.: Die Kunst der Kurzgeschichte. Zur Theorie und Geschichte der deutschen Kurzgeschichte. München 1989. UTB 1519.) S. 85–105.

Ecker, Egon: Georg Büchner, Lenz. In: E. E.: Wie interpretiere ich Novellen und Romane? Methoden und Beispiele. Hollfeld 1983. S. 18–28, 171 f., 175.

Eskelund, Jacob: Wahnsinn in Georg Büchners Werken: Fatalismus oder gesellschaftliche Determination? In: Augias 6 (1982) S. 27 bis 51.

Fellmann, Herbert: Georg Büchners »Lenz«. In: Jahrbuch der Wittheit zu Bremen 7 (1963) S. 7–124.

Fischer, Heinz: Georg Büchners »Lenz«. Zur Struktur der Novelle. In: H. F.: Georg Büchner. Untersuchungen und Marginalien. Bonn 1972. S. 18–40.

– Lenz. Woyzeck. Thiel. Spiegelungen der Werke Georg Büchners in Gerhart Hauptmanns »Bahnwärter Thiel«. Ebd. S. 41–61.

Fischer, Ludwig (Hrsg.): Zeitgenosse Büchner. Stuttgart 1979.

Fuchshuber, Elisabeth: Georg Büchner: Lenz. In: Jakob Lehmann (Hrsg.): Deutsche Novellen von Goethe bis Walser. Interpretationen für den Deutschunterricht. Bd. 1: Von Goethe bis C. F. Meyer. Königstein i. Ts. 1980. S. 141–160.

Furness, N. A.: A Note on Büchner's »Lenz«: ». . . nur war es ihm manchmal unangenehm, daß er nicht auf dem Kopf gehn konnte.« In: Forum for Modern Language Studies 18 (1982) S. 313–316.

Gersch, Hubert: Georg Büchner: »Lenz«. Textkritik. Editionskritik. Kritische Edition. Diskussionsvorlage für das »Internationale Georg Büchner Symposium« Darmstadt 25.–28. Juni 1981.

## V. Literaturhinweise

[Münster 1981.] [Als Manuskript vervielfältigt.] [Zit. als: Gersch 1981 a.]

Gersch, Hubert: Aus Forschung und Leere: Eine Haberpfeife ist eine Verlesung ist eine Habergeise ist eine Schnepfe. In: GBJb. 1 (1981) S. 243–249. [Zit. als: Gersch 1981 b.]

– Georg Büchners »Lenz«-Entwurf: Textkritik. Edition und Erkenntnisperspektiven. Ein Zwischenbericht. In: GBJb. 3 (1983) S. 14–25.

– Nachwort. In: Georg Büchner: Lenz. Studienausgabe. Stuttgart 1984. (Reclams Universal-Bibliothek. 8210.) S. 58–77.

– (in Zsarb. mit Stefan Schmalhaus): Quellenmaterialien und »reproduktive Phantasie«. Untersuchungen zur Schreibmethode Georg Büchners: Seine Verwertung von Paul Merlins Trivialisierung des Lenz-Stoffs und von anderen Vorlagen. In: GBJb. 8 (1990 bis 1994) S. 69–103.

Gödtel, Rainer: Das Psychotische in Büchners »Lenz«. In: Horizonte 4 (1980) H. 16/17. S. 34–43.

Goltschnigg, Dietmar (Hrsg.): Materialien zur Rezeptions- und Wirkungsgeschichte Georg Büchners. Kronberg i. Ts. 1974. [Zit. als: Goltschnigg 1974 a.]

– Büchners »Lenz«, Hofmannsthals »Andreas« und Trakls »Traum und Umnachtung«. Eine literaturpsychologische Wirkungsanalyse. In: Sprachkunst 5 (1974) S. 231–243.

– Rezeptions- und Wirkungsgeschichte Georg Büchners. Kronberg i. Ts. 1975.

Großklaus, Götz: Haus und Natur. Georg Büchners »Lenz«: Zum Verlust des sozialen Ortes. In: Recherches germaniques 12 (1982) S. 68–77.

– Kultursemiotischer Versuch zum Fremdverstehen. In: Alois Wierlacher (Hrsg.): Das Fremde und das Eigene. Prolegomena zu einer interkulturellen Germanistik. München 1985. S. 391 bis 412.

Guthrie, John: Lenz and Büchner: Studies in Dramatic Form. Frankfurt a. M. / Bern / New York 1984.

Harig, Ludwig: Jakob Michael Reinhold Lenz: Ein Dichter auf Oberlins Spuren. In: Merian (Heft: Straßburg und das Elsaß) Nr. 7. Jg. 33 (1980). S. 103–106.

Harris, Edward P.: J. M. R. Lenz in German Literature. From Büchner to Bobrowski. In: Colloquia Germanica 1973. S. 214–233.

Hasselbach, Karlheinz: Georg Büchner. Lenz. Interpretation. München 1986.

Hasubek, Peter: »Ruhe« und »Bewegung«. Versuch einer Stilanalyse von Georg Büchners »Lenz«. In: Germanisch-Romanische Monatsschrift N. F. 19 (1969) S. 33–59.

Hauschild, Jan-Christoph: Den 25. ging Büchner durchs Gebirg. Ein Fund und zwei Schlußfolgerungen. In: Frankfurter Rundschau. 16. 3. 1985.

Herrmann, Hans Peter: »Den 20. Jänner ging Lenz durchs Gebirg«. Zur Textgestalt von Georg Büchners nachgelassener Erzählung. In: Zeitschrift für deutsche Philologie 85 (1966) S. 251–267.

Hinderer, Walter: Pathos oder Passion: Die Leiddarstellung in Büchners »Lenz«. In: Wissen aus Erfahrungen. Werkbegriff und Interpretation heute. Festschrift für Herman Meyer. Hrsg. von Alexander von Bormann. Tübingen 1976. S. 474–494.

– Georg Büchner: Lenz (1839). In: Romane und Erzählungen zwischen Romantik und Realismus. Neue Interpretationen. Hrsg. von Paul Michael Lützeler. Stuttgart 1983. S. 268–294.

– »Lenz«. »Sein Dasein war ihm eine notwendige Last«. In: Interpretationen. Georg Büchner. Dantons Tod, Lenz, Leonce und Lena, Woyzeck. Stuttgart 1990. (Reclams Universal-Bibliothek. 8415.) S. 63–117.

Hörisch, Jochen, »Den 20. Januar ging Lenz durch's Gebirge«. Zur Funktion von Dichtung im »Anti-Ödipus«. In: Rudolf Heinz / Georg Christoph Tholen (Hrsg.): Schizo-Schleichwege. Beiträge zum Anti-Ödipus. Bremen [1981]. S. 13–24.

– Pathos und Pathologie. Der Körper und die Zeichen in Büchners »Lenz«. In: Katalog Darmstadt. S. 267–275.

Hofmann, Gert: Der Anfang. Entwicklung von Erzählstrukturen. Büchners »Lenz«. In: Freibord 12 (1987) H. 61/62. S. 74–85.

Holub, Robert C.: The Paradoxes of Realism: An Examination of the »Kunstgespräch« in Büchner's »Lenz«. In: Deutsche Vierteljahrsschrift für Literaturwissenschaft und Geistesgeschichte 59 (1985) S. 102–124.

Horton, David: Modes of consciousness representation in Büchner's »Lenz«. In: German Life and Letters 43 (1989/90) S. 34–48.

– Transitivity and agency in Georg Büchner's »Lenz«: a contribution to a stylistic analysis. In: Orbis litterarum 45 (1990) S. 236 bis 247.

Irle, Gerhard: Büchners »Lenz«. Eine frühe Schizophreniestudie. In: G. I.: Der psychiatrische Roman. Stuttgart 1965. S. 73–83.

Jansen, Peter K.: The Structural Function of the »Kunstgespräch« in Büchner's »Lenz«. In: Monatshefte 67 (1975) S. 145–156.

## V. Literaturhinweise

Kanzog, Klaus: Erzählstrategie. Eine Einführung in die Normein-
übung des Erzählens. Heidelberg 1976. (UTB 495.) S. 186–193.
– Norminstanz und Normtrauma. Die zentrale Figuren-Konstella-
tion in Georg Büchners Erzählung und George Moorses Film
»Lenz«. Filmanalyse als komplementäres Verfahren zur Textanalyse. In: GBJb. 3 (1983) S. 76–97.
Kim, Young-Zu: Die Funktion der Naturbeschreibung in der Lenz-
Novelle von Georg Büchner. In: Koreanische Zeitschrift für Ger-
manistik 1980. H. 25. S. 183–192.
King, Janet K.: Lenz viewed sane. In: The Germanic Review 49
(1974) S. 146–153.
Köhn, Lothar: Lenz und Claude Frollo. Eine Vermutung zu Büch-
ners »Lenz«-Fragment. In: Deutsche Vierteljahrsschrift für Lite-
raturwissenschaft und Geistesgeschichte 66 (1992) S. 667–686.
Koerner, Charlotte W.: Volker Brauns »Unvollendete Geschichte«.
Erinnerung an Büchners »Lenz«. In: Basis. Jahrbuch für deutsche
Gegenwartsliteratur 9 (1979) S. 149–168, 266 f.
Kubitschek, Peter: Die tödliche Stille der verkehrten Welt – Zu Ge-
org Büchners »Lenz«. In: Studien zu Georg Büchner. Hrsg. von
Hans-Georg Werner. Berlin / Weimar 1988. S. 86–104, 302–306.
Kühnlenz, Axel: »Wie den Leuten die Natur so nahtrat . . .«. Lud-
wig Tiecks »Der Runenberg« als Quelle für Büchners »Lenz«. In:
GBJb. 7 (1988/89) S. 297–310.
Kunz, Josef: Georg Büchner [»Lenz«]. In: J. K. Die deutsche No-
velle im 19. Jahrhundert. Berlin 1970. S. 35–43.
Laemmle, Peter: Büchners Schatten. Kritische Überlegungen zur
Rezeption von Peter Schneiders Erzählung »Lenz«. In: Akzente
21 (1974) S. 469–478.
Landau, Paul: Lenz. In: Georg Büchner: Gesammelte Schriften.
Hrsg. von Paul Landau. Bd. 1. Berlin 1909. S. 104–123. – Wieder-
abgedr. in: Martens, S. 32–49.
Larsen, Svend Erik: Die Macht der Machtlosen. Über Lenz und
Woyzeck. In: Georg Büchner im interkulturellen Dialog. Vor-
träge des Kolloquiums vom 30. 9. – 1. 10. 1987 in der Universität
Aalborg. Hrsg. von Klaus Bohnen und Ernst-Ullrich Pinkert.
Kopenhagen / München 1988. (Text & Kontext, Sonderreihe.
Bd. 25.) S. 176–194.
Lorenz-Lindemann, Karin: Paul Celan: »Gespräch im Gebirg« – ein
Palimpsest zu Büchners »Lenz«. In: Datum und Zitat bei Paul
Celan. Akten des Internationalen Paul Celan-Colloquiums Haifa
1986. Bern [u. a.] 1987. S. 170–182.

170 V. Literaturhinweise

Lüscher, Rolf: Einige Versuche in Grundlosem um Georg Büchners »Lenz«. Bern / Frankfurt a. M. 1982.

Mahlendorf, Ursula: Schizophrenie und Kreativität: Büchners Lenz. In: Handbuch der Dynamischen Psychiatrie [Bd.] 2. Hrsg. von Günter Ammon. München / Basel 1982. S. 793–808.

– Georg Büchner's »Lenz«: Schizophrenic disintegration. In: U. R. M.: The Wellsprings of Literary Creation: An Analysis of Male and Female »Artist Stories« from the German Romantics to American Writers of the Present. Columbia (S. C.) 1985. S. 39–66, 226–231.

Mahoney, Dennis F.: The Sufferings of Young Lenz: The Function of Parody in Büchner's »Lenz«. In: Monatshefte 76 (1984) S. 396 bis 408.

Maier, Lonni: Tagebuchnotiz contra poetische Verarbeitung? In: Praxis Deutsch 1980. H. 43. S. 56–60.

Mann, Grant Thomas: Jakob Michael Reinhold Lenz and Georg Büchner. A Comparative Study. Diss. Michigan 1979.

Marquardt, Axel: Konterbande »Lenz«. Zur Redaktion des Erstdrucks durch Karl Gutzkow. In: GBJb. 3 (1983) S. 37–42.

Mayer, Hans: Lenz, Büchner und Celan. Anmerkungen zu Paul Celans Georg-Büchner-Preis-Rede »Der Meridian« vom 22. Oktober 1960. In: H. M.: Vereinzelt Niederschläge. Kritik – Polemik. Pfullingen 1973. S. 160–171.

Mayer, Thomas Michael: Bemerkungen zur Textkritik von Büchners »Lenz«. In: GBJb. 5 (1985) S. 184–197.

Mayer, Wilhelm: Zum Problem des Dichters Lenz. In: Archiv für Psychiatrie und Nervenkrankheiten 62 (1921) S. 889 f.

Meier, Albert: »Lenz«. In: Deutsche Erzählungen des 19. Jahrhunderts. Von Kleist bis Hauptmann. Hrsg. und kommentiert von Joachim Horn [u. a.]. München 1982. (dtv 2099.) S. 552–562.

Menke, Timm Reiner: Lenz-Erzählungen in der deutschen Literatur. Hildesheim / Zürich / New York 1984.

Michel, Gabriele: Lenz – »ist er nicht gedruckt?« Über die vernachlässigte Bedeutung der Schriften von J. M. R. Lenz für Georg Büchners Novellentext. In: Lenz-Jahrbuch. Sturm-und-Drang-Studien 2 (1992) S. 118–125.

Michels, Gerd: Landschaft in Georg Büchners »Lenz«. In: G. M.: Textanalyse und Textverstehen. Heidelberg 1981. (UTB 1044.) S. 12–33.

Miladinović, Mira: Georg Büchners »Lenz« und Johann Friedrich Oberlins »Aufzeichnungen«. Eine vergleichende Untersuchung. Frankfurt a. M. / Bern / New York 1986.

## V. Literaturhinweise

Moos, Walter: Büchners »Lenz«. In: Schweizer Archiv für Neurologie und Psychiatrie 42 (1938) S. 97–114.

Müller, Beatrix: ›Wußten Sie schon ..., daß die Alpen auch nichts Besonderes sind, wenn man sich die Berge wegdenkt?‹ Anmerkungen zu Georg Büchner: Lenz und die Psychoanalyse. In: »Stets wird die Wahrheit hadern mit dem Schönen«. Festschrift für Manfred Windfuhr. Hrsg. von Gertrude Cepl-Kaufmann [u. a.]. Köln [u. a.] 1990. S. 279–288.

Neuse, Erna Kritsch: Büchners »Lenz«. Zur Struktur der Novelle. In: The German Quarterly 43 (1970) S. 199–209.

Neuse, Werner: Hauptmann's and Rilke's »Der Apostel«. In: The Germanic Review 18 (1943) S. 196–201.

Parker, John J.: Some Reflections on Georg Büchner's »Lenz« and its Principal Source, the Oberlin Record. In: German Life and Letters 21 (1967/68) S. 103–111.

Pascal, Roy: Büchner's »Lenz« – Style and Message. In: Oxford German Studies 9 (1978) S. 68–83.

Pilger, Andreas: Die »idealistische Periode« in ihren Konsequenzen. Georg Büchners kritische Darstellung des Idealismus in der Erzählung »Lenz«. In: GBJb. 8 (1990–94) S. 104–125.

Pongs, Hermann: Ein Beitrag zum Dämonischen im Biedermeier. In: Euphorion 36 (1935) S. 241–253. – Wiederabgedr. u. d. T. ›Büchners ›Lenz‹« in: Martens, S. 138–150.

Post, Klaus D.: Gerhart Hauptmann: Bahnwärter Thiel. Text, Materialien, Kommentar. München / Wien 1979. S. 100–108.

Pott, Wilhelm Heinrich: Über den fortbestehenden Widerspruch von Politik und Leben. Zur Büchner-Rezeption in Peter Schneiders Erzählung »Lenz«. In: Ludwig Fischer (Hrsg.): Zeitgenosse Büchner. Stuttgart 1979. S. 96–130.

Pütz, Heinz Peter: Büchners »Lenz« und seine Quelle. Bericht und Erzählung. In: Zeitschrift für deutsche Philologie 84 (1965) Sonderheft. S. 1–22.

Rainoird, Manuel: Georg Büchner: Lenz. In: Paru. Revue de l'actualité littéraire, intellectuelle et artistique 12 (1957) Nr. 107. S. 141 f.

Rath, Gernot: Georg Büchners »Lenz«. In: Ärztliche Praxis 2 (1950) Nr. 51. S. 12.

Raymond, Petra: Gewährsmann Oberlin. Zu Gutzkows literaturpolitischer Strategie in seinem Kommentar zu Büchners »Lenz«. In: GBJb. 5 (1985) S. 300–312.

Reuchlein, Georg: Bürgerliche Gesellschaft, Psychiatrie und Litera-

172     *V. Literaturhinweise*

tur. Zur Entwicklung der Wahnsinnsthematik in der deutschen Literatur des späten 18. und frühen 19. Jahrhunderts. München 1986. S. 373–403 [zu Büchners »Lenz«].

Rizzo, Roberto: »Ich verlange in Allem – Leben, Möglichkeit des Daseins . . .«. La concezione dell'arte in Büchner e in Lenz. In: Studia Büchneriana. Georg Büchner 1988. Ed. Fausto Cercignani. Milano 1990. S. 125–155.

Roche, Mark W.: Die Selbstaufhebung des Antiidealismus in Büchners »Lenz«. In: Zeitschrift für deutsche Philologie 107 (1988) Sonderheft. S. 136–147.

Ryu, Jong-Yung: Über die Einbeziehung der Natur in die Charakterbeschreibung in Büchners Novelle »Lenz«. In: Zeitschrift für deutsche Sprache und Literatur 1981. Nr. 15. S. 17–39.

Sahlberg, Oskar: Peter Schneiders Lenz-Figur. In: Ludwig Fischer (Hrsg.): Zeitgenosse Büchner. Stuttgart 1979. S. 131–152.

Schier, Rudolf Dirk: Büchner und Trakl: Zum Problem der Anspielungen im Werk Trakls. In: Publications of the Modern Language Association 87 (1972) S. 1052–64.

Schings, Hans-Jürgen: Der mitleidigste Mensch ist der beste Mensch. Poetik des Mitleids von Lessing bis Büchner. München 1980. S. 68–84, 107–113.

Schmidt, Harald: Melancholie und Landschaft. Die psychotische und ästhetische Struktur der Naturschilderungen in Georg Büchners »Lenz«. Opladen 1994. (Kulturwissenschaftliche Studien zur deutschen Literatur.)

Schmidt, Jochen: Zur Ideengeschichte der deutschen Künstlernovelle im 19. Jahrhundert. In: Deutsche Künstlernovellen des 19. Jahrhunderts. Hrsg. und mit einem Nachwort versehen von Jochen Schmidt. Frankfurt a. M. 1982 (insel taschenbuch. 656.) S. 419–424.

Schmidt-Henkel, Gerhard: Der kathartische Mythos: Georg Büchner (»Lenz«). In: G. S.-H.: Mythos und Dichtung. Zur Begriffs- und Stilgeschichte der deutschen Literatur im 19. und 20. Jahrhundert. Bad Homburg / Berlin / Zürich 1967. S. 13–30.

Schneider, Irmela: Zerrissenheit als Geschichtserfahrung. Überlegungen zu Georg Büchners »Lenz«, einer Erzählung von Peter Schneider und einem Roman von Nicolas Born. In: Text & Kontext 12 (1984) S. 43–63.

Schöne, Albrecht: Interpretationen zur dichterischen Gestaltung des Wahnsinns in der deutschen Literatur. Diss. Münster 1952. [Masch.] S. 28–58, 202–206.

## V. Literaturhinweise

Schreiber, Michael: Literarische Ortsbesichtigung im Elsaß. In: Neue Deutsche Hefte 30 (1983) H. 1. S. 78–90.

Schröder, Jürgen: Büchners »Lenz«. In: Georg Büchner: Lenz. Erzählung mit Oberlins Aufzeichnungen »Der Dichter Lenz, im Steinthale«, ausgewählten Briefen von J. M. R. Lenz und einem Nachw. von J. S. Frankfurt a. M. 1985. (insel taschenbuch. 429.) S. 96–113.

Sengle, Friedrich: Georg Büchner (1813–1837). In: F. S.: Biedermeierzeit. Deutsche Literatur im Spannungsfeld zwischen Restauration und Revolution. 1815–1848. Bd. 3: Die Dichter. Stuttgart 1980. S. 265–331, bes. S. 317–322.

Sevin, Dieter: Die existentielle Krise in Büchners »Lenz«. In: Seminar 15 (1979) S. 15–26.

Sharp, Francis Michael: Büchner's »Lenz«: A Futile Madness. In: Psychoanalytische und psychopathologische Literaturinterpretation. Hrsg. von Bernd Urban und Winfried Kudszus. Darmstadt 1981. S. 256–279.

Shitahodo, Ibuki: Büchners und Peter Schneiders »Lenz«. Ein vergleichender Versuch in Sicht der heutigen Büchner-Rezeption. In: Doitsu Bungaku 22 (1980) S. 59–75.

Spieß, Reinhard F.: Büchners »Lenz«. Überlegungen zur Textkritik. In: GBJb. 3 (1983) S. 26–36.

Sudau, Ralf: Annäherungen an Büchners »Lenz«. Ein Unterrichtsversuch in einem Grundkurs der Jahrgangsstufe 12. In: Diskussion Deutsch 17 (1986) H. 92. S. 641–662.

Tate, Dennis: »Ewige deutsche Misere«? GDR Authors and Büchner's »Lenz«. In: GDR Monitor. Special series: No 2 (1983) S. 85 bis 99.

Thieberger, Richard: »Lenz« lesend. In: GBJb. 3 (1983) S. 43–75.

– Georg Büchner: Lenz. Frankfurt a. M. 1985.

– Über Hubert Gerschs neue »Studienausgabe« von Büchners »Lenz«. In: GBJb. 4 (1984) S. 266–279.

Thiele, Herbert: Georg Büchners »Lenz« als sprachliches Kunstwerk. Gedanken zu einer Behandlung in der Prima. In: Der Deutschunterricht 8 (1956) H. 3. S. 59–63.

Thorn-Prikker, Jan: »Ach die Wissenschaft, die Wissenschaft!« Bericht über die Forschungsliteratur zu Büchners »Lenz«. In: GB III. S. 180–194.

Thunecke, Jörg: Die Rezeption Georg Büchners in Paul Celans »Meridian«-Rede. In: GBJb. 3 (1983) S. 298–307.

Ullman, Bo: Zur Form in Georg Büchners »Lenz«. In: Impulse.

174                       *V. Literaturhinweise*

Festschrift für Gustav Korlén. Hrsg. von Helmut Müssener und Hans Rossipal. Stockholm 1975. S. 161–182.

Viëtor, Karl: »Lenz«. Erzählung von Georg Büchner. In: Germanisch-Romanische Monatsschrift 25 (1937) S. 2–15. – Wiederabgedr. in [und zit. nach]: Martens. S. 178–196.

Vollhardt, Friedrich: »Lenz« – Fallstudie und Identifikationsfigur. In: Georg Büchner. Atti del seminario 19 e 20 marzo 1985. Palermo 1986. S. 55–64.

Voss, Kurt: Georg Büchners »Lenz«. Eine Untersuchung nach Gehalt und Formgebung. Diss. Bonn 1922. [Masch.]

Wetzel, Heinz: Bildungsprivileg und Vereinsamung in Büchners »Lenz« und Dostojewskis »Dämonen«. In: Arcadia 13 (1978) S. 268–285.

Whitinger, Raleigh: Echoes of Novalis and Tieck in Büchner's »Lenz«. In: Seminar 25 (1989) S. 324–338.

Wiese, Benno von: Georg Büchner. Lenz. In: B. v. W.: Die deutsche Novelle von Goethe bis Kafka. Interpretationen II. Düsseldorf 1962. S. 104–126.

Yamamoto, Atsuro: Ein Versuch über Büchners »Lenz«. Was bedeutet Lenzens Wahnsinn? [Japanisch, mit deutscher Zusammenfassung.] In: Abhandlungen an der Fremdsprachenuniversität Osaka (Japan) 7,5 (1987) S. 121–136.

Zeydel, Edwin E.: A Note on Georg Büchner and Gerhart Hauptmann. In: Journal of English and Germanic Philology 44 (1945) S. 87 f.

Zons, Raimar Stefan: Ein Riß durch die Ewigkeit. Landschaften in »Werther« und »Lenz«. In: literatur für leser 4 (1981) H. 2. S. 65 bis 78.


## 6. Literatur zu Lenz, Oberlin, Stoeber und Kaufmann

Baechtold, Jakob: Der Apostel der Geniezeit. Nachträge zu H. Düntzers »Christoph Kaufmann«. In: Archiv für Literaturgeschichte 15 (1887) S. 161–193.

Böcker, Herwig: Die Zerstörung der Persönlichkeit des Dichters J. M. R. Lenz durch beginnende Schizophrenie. Diss. [med.] Bonn 1969.

Damm, Sigrid: Vögel, die verkünden Land. Das Leben des Jakob Michael Reinhold Lenz. Berlin / Weimar 1985.

Düntzer, Heinrich: Christof Kaufmann. Der Apostel der Geniezeit und der Herrnhutische Arzt. Ein Lebensbild. Leipzig 1882.

## V. Literaturhinweise

Freye, Karl / Stammler, Wolfgang (Hrsg.): Briefe von und an J. M. R. Lenz. 2 Bde. Leipzig 1918. Nachdr. Bern 1969.

Heinsius, Wilhelm: Johann Friedrich Oberlin und das Steintal. In: Alemannisches Jahrbuch 1955. S. 278–393.

Hohoff, Curt: Jakob Michael Reinhold Lenz mit Selbstzeugnissen und Bilddokumenten. Reinbek bei Hamburg 1977. (rowohlts monographien. 259.)

Jean-Frédéric Oberlin. Le divin ordre du monde: 1740–1826. Les Musées de la Ville de Strasbourg. Sous la dir. de Malou Schneider et Marie-Jeanne Meyer. Strasbourg 1991. [Ausstellungskatalog.]

Kurtz, John W.: Johann Friedrich Oberlin. Sein Leben und Wirken. 1740–1826. Metzingen 1982.

Milch, Werner: Christoph Kaufmann. Frauenfeld / Leipzig 1932 (Die Schweiz im deutschen Geistesleben. 77/78.)

Müller, Peter (Hrsg.) / Stötzer, Jürgen (Mitarb.): Jakob Michael Reinhold Lenz im Urteil dreier Jahrhunderte. Texte der Rezeption von Werk und Persönlichkeit 18.–20. Jahrhundert. 3 Bde. Bern [u. a.] 1995.

Pszcolla, Erich: Johann Friedrich Oberlin 1740–1826. Gütersloh 1979.

Rudolf, Ottomar: Jakob Michael Reinhold Lenz. Moralist und Aufklärer. Bad Homburg / Berlin / Zürich 1970.

Stephan, Inge / Winter, Hans-Gerd: »Ein vorübergehendes Meteor«? J. M. R. Lenz und seine Rezeption in Deutschland. Stuttgart 1984.

Stöber [auch: Stoeber], August: Der Dichter Lenz. Mitteilungen. In: Morgenblatt für gebildete Stände. Nr. 250–252, 260 f., 275, 280, 285–287, 290, 295. 19. Oktober bis 10. Dezember 1831.

– (Hrsg.): Der Dichter Lenz und Friedericke von Sesenheim. Basel 1842.

– (Hrsg.): Johann Gottfried Röderer, von Straßburg, und seine Freunde. Colmar ²1874.

Stoeber, Daniel Ehrenfried: Vie de J. F. Oberlin. Paris/Straßburg/ London 1831.

Waldmann, F.: Lenz in Briefen. Zürich 1894.

Walter, Karl: Die Brüder Stoeber. Zwei Vorkämpfer für das deutsche Volkstum im Elsaß des 19. Jahrhunderts. Kolmar [1943].

Weichbrodt, Rudolf: Der Dichter Lenz, eine Pathographie. In: Archiv für Psychiatrie und Nervenkrankheiten 62 (1921) S. 153–187.

# VI. Abbildungsnachweis

10 Johann Friedrich Oberlin. Um 1800. Kolorierter Kupferstich von J. Gottfroid Gerhardt. Musée alsacien Strasbourg.

24 Christoph Kaufmann. Kupferstich. Aus: Johann Caspar Lavater: Physiognomische Fragmente, zur Beförderung der Menschenkenntniß und Menschenliebe. 4 Bde. Leipzig: Weidmanns Erben und Reich / Winterthur: Heinrich Steiner und Compagnie, 1775–78. – Faks.-Dr. 4 Bde. Zürich: Orell Füssli / Leipzig: Edition Leipzig, 1968–69. Bd. 3. 1969. Nach S. 158.

33 Carel von Savoy: Christus in Emmaus. Hessisches Landesmuseum Darmstadt.

39 Jakob Michael Reinhold Lenz. Silhouette. Nach Lavaters Handexemplar Lenz darstellend. Aus: Johann Caspar Lavater: Physiognomische Fragmente [. . .]. Faks.-Dr. Bd. 4. 1969. Nach S. 16.

50 Jakob Michael Reinhold Lenz. Um 1777. Anonyme Bleistiftzeichnung. Aus: Elisabeth Genton: Jacob Michael Reinhold Lenz et la scène allemande. Paris: Didier, 1966. Abb. 1.

63 Georg Büchner. Bleistiftskizze von Alexis Muston. Aus: Heinz Fischer: Georg Büchner. Untersuchungen und Marginalien. Bonn: Bouvier, 1972. Zwischen S. 80 und 81.

105 Pfarrer Oberlins Haus im Steintal. Um 1840. Anonymer Stahlstich. Aus: Georg Büchner. Leben, Werk, Zeit. Katalog [der] Ausstellung zum 150. Jahrestag des »Hessischen Landboten«. Bearb. von Thomas Michael Mayer. Marburg: Jonas-Verlag, 1985. S. 216.

Der Verlag Philipp Reclam jun. dankt für die Nachdruckgenehmigung den Rechteinhabern, die durch den Quellennachweis oder einen folgenden Copyrightvermerk bezeichnet sind.